Heinrich Hitzigrath

Die Publizistik des Prager Friedens

1635

Heinrich Hitzigrath

Die Publizistik des Prager Friedens
1635

ISBN/EAN: 9783744613040

Hergestellt in Europa, USA, Kanada, Australien, Japan

Cover: Foto ©ninafisch / pixelio.de

Weitere Bücher finden Sie auf **www.hansebooks.com**

DIE PUBLICISTIK

DES

PRAGER FRIEDENS (1635)

VON

DR. HEINRICH HITZIGRATH.

MAX NIEMEYER.

1880.

Nach dem Tode Gustav Adolphs erwarteten die meisten deutschen Stände, dass der sächsiche Kurfürst Johann Georg die Führerschaft des evangelischen Deutschlands übernehmen würde, auch Frankreich wollte ihm dieselbe übertragen wissen.[1]) Dieser jedoch benutzte die ihm so günstige Stimmung und Lage nicht, weil er seine nur durch die Gewalt der Umstände veranlasste Verbindung mit Schweden auflösen und sich mit dem ihm früher sehr befreundeten Haus Habsburg aussöhnen wollte. So war es dem schwedischen Kanzler Oxenstiern möglich den Heilbronner Bund zu schliessen und in seiner Hand die Macht der vier obern Kreise zu vereinigen; durch die dominirende Stellung aber, die der simple schwedische Edelmann unter den Evangelischen einnahm, wurde der Fürstenstolz Johann Georgs auf das empfindlichste beileidigt. Diese Missstimmung wuchs, als er täglich wahrnehmen musste, dass die Schweden im Römischen Reich schalteten und walteten, wie es ihnen gutdünkte. Persönlich reizten sie ihn durch ihr Verfahren im Stift Magdeburg, auf das er für seinen Sohn August Anspruch erhob.[2]) Nun war sein Kurfürstenthum zweimal das Kriegstheater gewesen, die lagernden Heeresmassen und die Durchzüge hatten das Land verödet; zwar war es immer noch nicht in einem so traurigen Zustand wie andere Theile unsres Vaterlands, aber gerade seine Lage mitten zwischen den österreichischen Ländern und den von den Schweden besetzten Territorien liess noch Schlimmes für die Zukunft fürchten. In der kurfürstlichen Kasse war tiefste Ebbe. Mit Mühe und Noth konnten die Kosten einer Gesandtschaftsreise nach Berlin be-

---

[1]) Küsel: Der Heilbronner Convent, Halle 1878. S. 6 u. 30.
[2]) Helbig: Der Prager Friede S. 576.

stritten werden, die hochgestelltesten Beamten warteten vergeblich auf ihren lang ausstehenden Gehalt, auch der Sold der Truppen floss nur spärlich. Diese befanden sich in einer traurigen Verfassung und bereiteten ihrem Führer, Arnim, die grössten Schwierigkeiten. Mit einem solchen Heere, bei einem solchen Geldmangel war es ein Unding weiter Krieg zu führen. Der Kurfürst wollte Frieden für sein Land, Frieden für das deutsche Reich und benutzte auch jede sich bietende Gelegenheit, die einen solchen herbeizuführen schien. Die Interventionsvorschläge des Königs von Dänemark fanden bei ihm ein geneigtes Ohr; als Wallenstein Friedensaussichten eröffnete, hatte er beim Kurfürsten gewonnenes Spiel, ja als desselben feindliche Absichten gegen den Kaiser klar am Tage lagen, wurden trotzdem die Verhandlungen nicht abgebrochen, weil man sächsischerseits mit Hülfe des mächtigen Feldherrn Ferdinand II. einen günstigen Frieden abzuzwingen hoffte. März 1634 erschien der Herzog Julius von Lauenburg zu Dresden, um im Auftrag des Königs von Ungarn Friedensunterhandlungen anzubieten; der Kurfürst ging ohne weiteres darauf ein. Dieses ist der Moment, wo er mit seinen frühern Ansichten über einen Frieden brach. Denn vorher hatte er zu wiederholten Malen betont, dass derselbe nur von allen deutschen Ständen geschlossen werden könne, sogar bei den Traktaten mit Wallenstein, an denen ja auch der Kurfürst von Brandenburg theilgenommen hatte, war sein Ziel der Universalfriede gewesen, nun liess er sich zu einem Separatfrieden herbei. Am 15. Juni hatten seine Gesandten zu Leitmeritz die erste Conferenz mit den kaiserlichen Deputirten; nach einmonatlicher Thätigkeit vertrieb sie der Einfall der vereinigten Schweden und Sachsen aus Böhmen, der Kurfürst liess sie unter sicherm Geleit nach Pirna bringen. Um die Fühlung mit den andern Evangelischen nicht ganz zu verlieren, beschickte er zu gleicher Zeit auf Rath seines Schwiegersohns des Landgrafen Georg von Hessen-Darmstadt den Frankfurter Convent, wo Oxenstiern den Abschluss eines Bündnisses der gesammten evangelischen Stände unter einander und mit der Krone Schweden beabsichtigte. Die Nördlinger Schlacht machte dem Convent ein jähes Ende, und auch für die Pirnaer Verhandlungen war sie von entscheidender

Wirkung, denn dieselben wurden nach ihr nur zu Gunsten des Kaisers und des Katholicismus ohne jeden energischen Widerspruch des Kurfürsten geführt. Seine Sorge war, dass der Kaiser sie abbrechen würde, falls er Schwierigkeiten machte, und dass dann seinem Lande ein feindlicher Einfall bevorstehe. Die kaiserlichen Gesandten traten im stolzen Siegesbewusstsein mit den weitgehendsten Ansprüchen hervor, er wusste sich nicht zu retten und war froh, dass sein Schwiegersohn und dessen Kanzler Dr. Wolff von Todtenwart nach Pirna gingen, um dort seine Interessen zu vertreten.

Der Frankfurter Convent hat einige Broschüren hervorgerufen, die in mancher Beziehung als Vorboten der Pirna-Prager-Friedenspublicistik angesehen werden können. Es sind folgende:

1) Bedenken | von dem Krieg und | Friedstand, | welcher dem andern vorzuziehen, und was man | dabei in acht zu nehmen. | Gestellt zu gutem Nachdenken und wohlmeynender Erinnerung | durch einen getreuen Patrioten. | Licet Magistratum admonere sui officii. | Gedruckt im Jahr | MDCXXXIV.
40 S. IV.

Die Flugschrift muss in Frankfurt verfasst sein, denn es wird von den Ständen, „so dieses Orts zusammenkommen" und hoffentlich „die Friedenspunkte aufsetzen werden" gesprochen. Ihr Standpunkt ist der evangelische und um der evangelischen Sache willen fordert sie Alle in gleicher Weise Gefährdeten zur Einigkeit auf, auch die sonst sich „vom grossen Haufen trennenden Singulares und Neutrales", zu denen sie vor allem Kursachsen rechnet. Sie zeigt, was für hohe Hoffnungen die evangelische Partei vor der Schlacht bei Nördlingen von einem Friedensschluss hegte, und stellt Forderungen, wie: Vertreibung der Jesuiten aus dem Reich, Wahl eines evangelischen Kaisers, Restitution der geistlichen Güter auf den Stand von 1612.

2) Tuba receptus | Eine geistliche treuherzig wohlgemeinte | Friedensposaun, | darinnen wolmeinend angezeigt wird, wie die | christliche Evangelische Kirchen in Teutschland zu erwünschten Friedensstand und Ruhe unter einander durch Gottes Gnad und Segen ge | langen mögen.

1 *

Psalm 34, v. 15. | Suchet den Frieden, und jaget ihm
nach. | Zach. 8, v. 19. | Allein, liebet Wahrheit, and Friede. |
Proverb. 26, v. 20 | Curae Jhesu Sauor. | Frankfurt, Bey
Johann Friedrich Weissen. | Im Jahr 1634.
38 S. IV.

Die „Friedensposaun" mahnt die Anhänger der beiden
evangelischen Richtungen, die bei Gelegenheit des Frankfurter
Convents in einen schroffen Gegensatz zu einander zu treten
drohten, zur Einigkeit, da ein Zwiespalt nur dem gemeinsamen
katholischen Feinde zu gute käme und warnt vor einseitigen, das
allgemeine Interesse gefährdenden Verhandlungen, wie sie der
Kurfürst von Sachsen mit dem Kaiser führe.

3) Oraculum | Dodonaeum non Jo | phonis arte, sed |
veritatis Magisterio rc | solutum : | oder | Eine unlängst
auff Churfürst | licher Durchl. zu Sachsen, wie vorgegeben
wird, | beschehene Frag, under Herrn D. Hoë Namen ge-
stellete, und | gleich als auss dem Mund des Herrn an-
gegebene Antwort, | jetziges Kriegswesen im Römischen |
Reich betreffend. | Auss dem Zeugniss der offenbaren War-
heit erläutert und allen, der Augspurgischen Confession
von | Hertzen zugethanen Christen, zur Nachrichtung an
den Tag gegeben. | Frankfurt am Meyn, | Bey Johann
Fridrich Weissen | Anno 1634.
51 S. IV.

Es existirt von ihr ein Nachdruck von 32 S., mit gleicher
Titelzeileneintheilung und der Jahreszahl in römischen Ziffern.

Zum Verständniss dieser Broschüre folgendes. Der Kurfürst hatte, als ihm vom Kaiser Friedensverhandlungen angeboten waren, mit seinen Räthen über die zustellenden Bedingungen conferirt und Gutachten darüber eingefordert. Auch .
Hoë von Hoëneck, sein fanatischer Oberhofprediger, musste ein
solches liefern und zwar über die Frage, ob ein lutherischer
Fürst mit gutem Gewissen für die Duldung der Calvinisten
Krieg führen könne. Hoë antwortete am 28. März, lobte es in
seinem geistlichen Hochmuth, dass der Kurfürst auch dies Mal
„den Mund des Herrn durch ihn gefragt habe" und führte in
seiner bekannten, intoleranten Weise aus, dass man den Calvinisten wohl die Aufnahme in den allgemeinen Landfrieden,

nicht aber freie Religionsübung gönnen könne, dass es eine
Sünde sei für sie die Waffen zu ergreifen, um ihretwillen den
Abschluss eines Friedens zu verzögern. Dieses natürlich nicht
für die Oeffentlichkeit bestimmte Gutachten sowie die „Proposition" des Kurfürsten erschien Dank der Indiskretion eines
kursächsischen Beamten ¹) noch während des Frankfurter Convents zu Frankfurt selbst im Druck mit genauer Angabe von
Namen und Datum. ²) Die Veröffentlichung erregte gerechtes
Aufsehen, der Hofprediger erzählt selbst, dass die Calvinisten
ein Zetergeschrei erhoben, und geistliche wie weltliche Standes-
personen ihn mit Schmäh- und Schimpfreden überschüttet hätten.
Das Oraculum Dodonaeum übernahm es ihn zu verspotten.

Sehr geschickt geht der Verfasser desselben von der Annahme aus, dass die beiden Aktenstücke nur fingirt seien, dass
sie von päpstlicher Seite, vielleicht auch von einem dem Papst-
thum zuneigenden Evangelischen herstammten, der „mit starken
Gaben, als welche jetzt sehr regieren" bestochen worden sei.
Und so will er denn nicht „wider Churf. Durchl. von Sachsen
oder D. Hoë, sondern wider den vermummten Dichter" geschrieben haben, wenn er den Autor der Proposition wegen

---

¹) Helbig: Der Prager Friede S. 596.
²) Ein Druck ist mir nicht zu Gesicht gekommen, und sind mir
beide officiellen Schriftstücke nur aus dem Oraculum Dodonaeum bekannt. Doch müssen sie auch für sich gedruckt sein, denn die Vorrede der obengenannten Flugschrift erklärt: „Es ist aber vielen bekannt, wie bei noch während Convent zu Frankfurt eine grausame
Schmähschrift unter dem Namen Doktoris Hoë wider die Reformirten
ausgeflogen, darinnen erstlich der Churf. Durchl. zu Sachsen proposition an D. Hoë, danach D. Hoës Antwort gleich als aus dem
Munde des Herrn gesetzt ist, dahinzielend, dass man mit den genannten Calvinisten als Gottes Feinden keine Waffen führen solle."
Auch Hoë sagt später: „Nun mag ein jeder urtheilen, nachdem die
Calvinisten die Proposition und das Bedenken in die Hände bekommen,
ob sie wohl und weisslich gehandelt, dass sie es in den öffentlichen
Druck gegeben."
Hugo Grotius, der sich in dieser Zeit zu Frankfurt aufgehalten
hat, schreibt an Jacobus Puteanus am 17. Juli: Saxo .... oraculum
Doctoris Hoii consuluit, responsumque accepit, impiumque plane fore,
si Lutherani sacrorum suorum impetrent libertatem, ideo tantum sperni
pacem, ut Calvini Sectatoribus bene sit.

6

„Ueppigkeit, Pracht, Fressen, Saufen und anderer Unbussfertig-
keit" tadelt, oder wenn er den „Scribenten" des Gutachtens
„einen in Zank und Streitsachen verwickelten und in Schänden
und Schmähen versoffenen Menschen" nennt. Das Oraculum
Dodonaeum widerlegt die beiden Schriftstücke Johann Georgs
und Hoës Punkt für Punkt, seine Widerlegung gipfelt in den
beiden Sätzen, dass die Reformirten in den Religionsfrieden
miteinbegriffen seien und dass eine Trennung der evangelischen Stände noch dazu wegen unwesentlichen theologischen
Schulstreitigkeiten nur den Katholiken nützen werde. Aus ihm
spricht ein die politische Lage erwägender und ein in religiöser
Beziehung toleranter Geist, der seine Gedanken in eine ange-
nehme und dabei witzige Form zu bringen vermag. Seine
Publication jagte dem Rath der Stadt Frankfurt einen ziemlichen Schrecken ein; um das Missfallen des sächsischen Kurfürsten nicht auf sich zu laden, wollte er die vorhandenen
Exemplare confisciren lassen und erbot sich, den Drucker aus
der Stadt zu weisen; Massregeln, die von den sächsischen Gesandten deshalb als unnütz abgelehnt wurden, weil der Landgraf von Hessen-Kassel schon 500 Abzüge hatte verbreiten
lassen.[1]

Hoë verfasste eine Replik. Am 8. Januar 1625, an welchem er vor 22 Jahren aus Prag nach Dresden berufen worden war, überreichte er seine Johann Georg gewidmete Schrift,
eine Broschüre der Ausstattung nach, ein Buch an Umfang:

Unvermeidentliche Rettung | Churfürstl. Durchl. | zu
Sachsen gethaner Gewissensfrag und | darauff erfolgter Ant-
wort, Ob die Evangelischen, dem | Calvinismo zum besten,
die Waffen ergreiffen, und in omnem even | tum, allein,
umb des Calvinismi willen den hochnöthigen Frieden | im
H. Röm. Reich aussschlagen hingegen mit den blu | tigen
Waffen fortfahren können, | und sollen, | Wider eine giff-
tige Lästerschrift, eines ungenannten Cal | vinischen Tock-
mäusers, die unter dem Titul, Oraculum Do | donaeum etc.
im vergangenen Herbst ausgesprengt worden, | Gestellet
durch | Matthiam Hoe von Hoenegg, der heiligen Schrift

---

[1] Helbig: Der Prager Friede S. 597.

Doktorn, und höchstgemelter Churfürstl. Durchl. zu Sach-
sen bestellten Oberhofpredi | gern zu Dressden. | Augustin
lib. 5 cont. Pelag. c. 7. | Exue To calumniis, viribus luc-
taro, non fraudibus. | ¡ Mit Churfürstl. Sächs. Privilegio. |
Leipzig | In Verlegung Thomae Schürers S. Erben | und
Matthiae Goetzens. | Gedruckt bey Friedrich Lanckischen
S. Erben. | Im Jahr Christi 1635.
28 Bl. (Vorrede und Register) und 432 S. IV.

Die „Unvermeidentliche Rettung" ist ein breitspuriges Elaborat,
das durch Anführung unzähliger Bibelstellen sowie Benutzung
vieler Autoren ermüdet und auch schon äusserlich durch volle
4 Register die Pedanterie des Hofpredigers dokumentirt. Dieser
hat dem Spott und der Ironie des Oraculum nur Schimpf- und
Schmähreden entgegenzusetzen, er nennt es „eine Skartek, lärmbläserische Calvinische Lästerschrift", den Verfasser „einen
Tockmäuser, scurra, einen Siemei, einen Mohr". Seine Vertheidigung gegen die Angriffe des Reformirten lässt an Unge-
schicktheit und Weitschweifigkeit nichts zu wünschen übrig,
doch bleibt er in derselben intoleranten Weise bei der Ansicht
über die Confession und die rechtliche Stellung der Calvinisten
stehen, die er schon in seinem Gutachten niedergelegt hat.
Die „Unvermeidentliche Rettung" mag theologischen Werth
haben, publicistischen hat sie nicht. Sie war ein ungünstiges
Omen für die Reformirten; was konnten diese noch von einem
Frieden hoffen, den das streng-lutherische Sachsen schloss!

Den Pirnaer Friedensconferenzen schenkte man allgemein
eine grosse Aufmerksamkeit, nur waren die Ansichten über
dieselben grundverschieden. Die einen hofften, dass durch sie
ein Universalfriede für das Reich ermöglicht würde, die andern
waren viel weniger zuversichtlich und meinten, wenn die
evangelische Partei nicht wiederum obsiegte, hätte nicht Deutschland, sondern nur Sachsen Frieden; der Reichskanzler Oxenstiern speciell traute den Verhandlungen vor allem deshalb
nicht, weil über sie nichts sicheres verlautete. [1]) Und allerdings drangen aus Pirna nur unbestimmte Gerüchte in die

---

[1]) Nach Chemnitz II, 571 und Hugo Grotius an Jac. Puteanus,
Mainz 30. Okt. 1634.

Oeffentlichkeit, deren sich die Publizisten bemächtigten, um Berichte über den Stand der Friedensverhandlungen zu verfassen. ¹) Im September hiess es, die Kaiserlichen sind noch zu Pirna und weiss Niemand, kann auch Niemand wissen, was aus den Friedenstraktaten werden soll. Später wurde geklagt: Wie oft ist von Friedenstraktaten gesagt und geschrieben! Wie begierig hat mans gehört und gelesen! Wie viel lieber und begieriger hätte man den Effekt und Nachdruck gesehen, aber so oft davon geredet worden, so wenig hat es fortgehen wollen. Als Graf Coloredo mit mehreren Regimentern sächsische Truppen niedergemacht und die Stadt Tschoppau hatte anzünden lassen, zweifelten viele an der Aufrichtigkeit der Friedensverhandlung, doch bewahrheiteten sich die Befürchtungen nicht, die an den Vorfall geknüpft wurden. Je unbestimmtere Nachrichten aber Ende 1634 über den Frieden herrschten, desto grösser war die Spannung und es lag im Geiste der Zeit, wenn die Kalendermacher unsern abergläubischen Vorfahren Auskunft über die Frage, ob im Jahre 1635 der Krieg beendigt und Ruhe in das Reich einziehen würde, schuldig zu sein vermeinten. Mit dieser Frage hatten sich sowohl evangelische wie auch katholische „Astrologen" in ihren Kalendern beschäftigt, und „weil man soviele nicht alle wohl haben, auch nicht jedermanns Gelegenheit ist dieselben zu kaufen", hatte einer ihrer Zunft sie gesammelt und unter dem Titel herausgegeben:

Astrologisches Natur | gemässes | Prognostikon, | darinnen zuersehen | Was auf das 1635 Jahr, | nicht allein in genere, sondern auch | in specie, | 1 von Kriegswesen zu halten | II In welche Länder sich das Kriegwesen hinspielen möchte. | III Und was von angestellten Friedenstraktaten | zu vermuthen sei. Aus unterschiedlicher 33. so | wohl Evangelischen, als Bäpstischen Astrologen und | Kalenderschreibern, (deren Namen nach umbgewendeten Blatt zu | finden) in offenem Druck gegebenen Prognosticis,

---

¹) Das folgende ist dem Theatr. Europ. III, 362, 75 u. 87 entnommen; dasselbe giebt die Gerüchte nach den einzelnen Monaten an und scheint sie aus Relationen geschöpft zu haben, die ich freilich nicht kenne.

in diss | Traktätlein zusammengezogen und | verfasset.
durch | Einen der Astrologiae besondern Lieb | habern. |
36 Bl. IV.

Aus den 33 Kalendern sind für uns nur die Angaben über
den bevorstehenden Frieden von Interesse. Die meisten ver-
künden einen „gar stattlichen Vergleich", der eine grosse und
starke Reformation in geistlichen und kirchlichen Sachen bringen,
aber auch vielen armen „Exulanten" zum Besten gedeihen wird.
Die Minderzahl dagegen hält die „Tractation" nur für einen
Betrug, „die Liga und geschworne Gesellschaft wird der christlichen Kirche hart zusetzen und in diesem Jahre noch kein
Ende des Blutvergiessens machen." [1]

---

[1] Die astrologischen Knittelverse eines gewissen Hermannus de
Werve, der zu der letzten Kategorie gehört, mögen hier erwähnt
werden:

Es werden nun Kaiser Ferdinand
Wieder tituliren Triumphant,
Ihn ehren und glückwünschen gewiss,
Dass er vom Siechbett erstanden ist,
Wird schleunig durchlaufen viel Land,
Kommt an die Ostsee und Wasserkant,
Wird, wie einst als weit und breit regieren,
Gott gebe ohne Tyranisiren,
Verhoffe mit Fürstlich Tapferkeit,
Vermischt mit sonderer Mildigkeit.
Wird viel zu Hülfe bekommen,
Die seiner noch nicht hatten angenommen.
Einer aus seinen Lenden geboren,
Wird glücklich nach Wunsch den Krieg führen.

Den Frieden in seinen Folgen für den Löwen (Schweden), das
Rautenkränzchen (Sachsen), den rothen Adler (Brandenburg) schildert er:

Ob zwar zu Fried wird ansehen lahn,
Wird es endlich doch nicht bestahn.
Der Loew wird durch die Finster schauen,
Seinen Feinden bieten die Klauen,
Mit solchem Glück und Tapferkeit,
Wie nicht geschahn zu dieser Zeit.
Ach du armes Rautenkränzlein,
Wie bist du gebracht in grosse Pein,
Ach, ach, ach wo ist noch das Endt,

Am 24. November waren die Pirnaer Traktaten, die Präliminarien des Prager Friedens unterzeichnet worden. Mit der Zeit erfuhr man einzelne Beschlüsse, so wurde bekannt, dass die pfälzische Angelegenheit keine Entscheidung gefunden hatte, eine Nachricht, welche die kurpfälzischen Gesandten auf dem Wormser Convent sehr erschreckte.[1] Nebenbei gingen noch falsche Gerüchte um, es verlautete, der Herzog Georg von Lüneburg, die Herzöge von Sachsen-Weimar und Altenburg wären nicht mit in die Amnestie aufgenommen, die Reichsstädte erbitterte in hohem Mass die Behauptung, sie müssten der einen oder andern Partei die Kriegskosten erstatten. Auch fühlte man sich zu dem Tadel veranlasst, dass der Kurfürst nach der deutschen Reichsverfassung kein Recht habe einen allo Stände bindenden Frieden zu schliessen.[2] Der Kurfürst sah ein, dass er seine Handlungsweise rechtfertigen, dass er die falschen Gerüchte widerlegen, dass er wenigstens in grossen Zügen den Inhalt seines Friedens verkündigen müsse. Er liess ein Schreiben[3] verfassen, worin er sein einseitiges Vorgehen eingesteht, dafür aber die Kriegslust anderer evangelischer Fürsten verantwortlich macht, worin er auch nach sehr summarischen und allgemein gefassten Erklärungen über den Inhalt des Friedens sich zu der Behauptung versteht, dass für das geringste Glied im Reiche Sorge getragen worden sei. Der Pirnaer Vertrag erfreute sich einer so geringen Gunst des Kaisers, dass er in Prag zum Nachtheil der Evangelischen einer ziemlichen Um-

---

Es sei, dass Gott bald Hülfe sendt.
Und etliche möchten erleuchtet werden,
Die da Friede suchten auf Erden,
Ob man auch wohl Friede (auch meint) nimmt vor,
Wirst doch, sorge ich, zuthun die Thür.
Der Schwan wollte wohl muthig singen,
Aber der Final wird traurig klingen.
Ich beklage den rothen Adler,
Seinen Nachbarn noch vielmehr.

[1] Chemnitz II, 631.
[2] Theatr. Europ. II, 347.
[3] Zu diesem Schluss ist man durch den ganzen Tenor des Schriftstückes und die Art und Weise, wie es das Theatr. Europ. III, 369, anführt, berechtigt.

Änderung unterworfen werden musste[1]), 6 Monate nach Unter-
zeichnung der Präliminarien erfolgte am 30. Mai 1635 in der
Hauptstadt Böhmens der definitive Friedensschluss.

Ferdinand II. erliess den 13. Juni 1635 von Baden bei
Wien das Friedenspublicationspatent:
Wahrhafftiger Abdruckh | des | Zwischen der Kays. |
Maj. Unsers Allergnädigsten Herrn, etc. Und der | Chur-
fürstl. Durchl. zu Sachsen, auffgerichten gemai nen Frie-
den-Schlusses, ergangenen Kayserl. | publication Patents. '
Gedruckt zu Wienn in Oesterreich, bey Michael Rick hes
am Lubekh, Im Jahr | MDCXXXV. |
6 Bl., IV.

Durch dasselbe empfahl er allen Ständen des Reichs den
Frieden, beruhigte sie wegen „des modus, der hinfüro nicht zur
Praejudiz gereichen solle" und forderte schliesslich jeden auf,
das Contingent anzugeben, was er zum Reichskriegsheer stellen
werde. Zugleich mit dem Patent, das von Wien aus verschickt
wurde[2]), erschien als erster Druck der in der kaiserlichen Hof-
buchdruckerei von Michael Rickhes zu Wien verfertigte. Er
führt auf dem Titelblatt den römischen Adler und lautet:
Wahrhafftiger Abdruckh, | dess | zwischen der Kais. |
Maj. unseres allergnädigsten Herrn, und | der Churfürstl.
Durchl. zu Sachsen, auffgerichten | gemeinen Friedens-
Schlusses, und des wegen ergangenen | Kaiserl. publication
Patents. | Gedruckt zu Wienn in Oesterreich, bey | Mi-
chael Rickhes, am Lubekh, | Im Jahr | MDCXXXV.
32 Bl., IV.

---

[1]) „Vindiciae secundum libertatem Germaniae" S. 161. 1636
spotten, dass der Pirnaer Friede zu Prag von Johann Ballhorn ver-
bessert worden sei.
[2]) Helbig (Der Prager Friede S. 632) erzählt: Das gedruckte
Friedenspatent des Kaisers kam in hinreichender Anzahl von Exem-
plaren am 21. Juni nach Dresden, konnte aber nicht sofort versandt
werden, da infolge der Nachlässigkeit des Setzers ungefähr 3 Druckseiten darin ganz weggelassen waren. Sobald dies in Dresden bemerkt wurde, liess der Kurfürst sofort an den Kaiser schreiben,
erhielt aber gleich nach der Absendung seines Schreibens richtige
Exemplare.

Bald nach ihm wird die officielle sächsische Ausgabe des Hofbuchdruckers Gimel Bergen zu Dresden der Oeffentlichkeit übergeben sein:

Abdruck | des | Friedens-Schlusses, | Von der Röm. Kays. Mayt. und | Churfürstl. Durchl. zu Sachsen, | zu Prag auffgerichtet, | den 20/30 May Anno | 1635, Mit Churfürstl. Durchl. zu Sachsen | Freyheit. | Gedruckt zu Dressden durch Gimel Bergen, | Churf. Sächss. Hoffbuchdruckern. | Anno ut supra.
23 Bl., IV.

Ausserdem wurde das Friedensinstrument abgedruckt zu Leipzig, Gera, Breslau, Frankfurt a/Oder, Frankfurt a/Main, zweimal zu Nürnberg, mehrmals ohne Ortsangabe. Auch die ausländischen Druckpressen säumten nicht; noch im Jahr 1635 erschien ein niederländischer Druck, dem die Ausgabe von Frankfurt a/Main zu Grunde lag. Das werden bei weitem nicht alle Editionen dieses so epochemachenden Aktenstückes sein.[1] Sammt und sonders enthalten sie nur den Hauptvergleich, nicht die Nebenrecesse; die Liste der von der Amnestie ausgeschlossenen Personen behauptet folgendes Blatt von den geheimen sächsischen Räthen empfangen zu haben:

Extract | Auss dem neben Recess oder | specification derer von der amnistia reservirten | Personen, so die kayserlichen Gesandten den Churfürstl. | Sächsischen Abgesandten zu Prage herausgeben von | den geheimbden Räthen den 7. Junii uns | in dreyen Punkten Extractsweise communicirt.
4 Bl. IV.

Wunderbarer Weise findet man in demselben keine Spur von den in die Amnestie Nichtaufgenommenen, wohl aber von den Amnestirten. Dagegen enthält es das vollständige Memorial wegen Conjunction der Waffen. Mehr war im Jahr 1635 nicht bekannt, erst das Jahr 1636 sollte durch ein Buch vollständige Kenntniss des Friedens bringen.

---

[1] Die Friedensabdrücke müssen sehr rasch verbreitet sein. Hugo Grotius hatte schon vor dem 6. August zu Paris ein deutsches und ein niederländisches Exemplar in den Händen gehabt. H. Grotius an Grubbe, Paris 9. Aug. 1635.

Wie recht und billig wurde vom Kurfürsten für sein Land
ein Dankesgottesdienst angeordnet:

Churfürstliche Durch | lauchtigkeit zu Sachsen, unsers
Gnedigsten Herrn gnedigste Verordnung, wie auf den
| instehenden Sanct Johannis des Teuffers Tag, unsern
| Herrn Gott für die glückliche Friedenstraktaten, im gan-
zen Churfürstenthumb, und allen darein gehörigen Kirchen
solle gedaukct, auch künftig nach allen Predigten und
| in allen Betstunden ge | betet werden. Gedruckt zu
Dresden bey Gimel Bergen, | Im Jahr | MDCXXXV. |
4 Bl. IV.

Eine nicht eben inhaltreiche und geistvolle Festpredigt
ist auf uns gekommen, sie lautet:

Chursächsische Frie | densstimme. | Meissnische Dauk-
und Friedens Predigt, | Als von Röm. Kay*. auch zu
Hungarn u. Boehmen Koenigl. Maj. und Churf. Durchl.
zu Sachsen den 20. May | altes Cal. 'dieses instehenden
1635 Jahres in der Stadt Prage, da | aufgerichtet und
geschlossenen Friede durch die Prediger in dem | ganzen
Hochlöblichen Churfürstenthumb Sachsen auf allen Kant-
zeln am Tage Johannis | des Teuffers ist verkündigt, ein
allgemei | nes Dankfest Gott allein zu Ehren zugleich
erhalten, und | das Tedeum laudamus gesungen worden.
Ueber die am Tage Johannis des Teuffers gewöhnliche
Le | ction | Essi 40, 1. 2. 3. 4. 5 | Tröstet, tröstet mein
Volk, spricht der Herr. | Nach Mittage zur Mittweide ge-
than, und | darauf in Druck verfertiget | Von | M. Andrea
Ortelio, der Christl. Gemeinde daselbst | Unwürdigen
Diener im Wort Gottes. | Leipzig | Im Verlagg Johann
Grossen Buchhäudl. | Im Jahr 1635 | Gedruckt durch
Justum Jansonium Danum. |
1 Bl. u. 50 S. IV.

Bevor wir uns zu den eigentlichen Broschüren des Prager
Friedens wenden, müssen wir zwei werthlose litterarische Mach-
werke kurz berühren, von denen das eine nur aus faden
Schmeicheleien, das andere aus kindischen Wortspielereien besteht. Der kursächsische Heerprediger M. Caspar Volgnad
sandte am 17. Juli von Eilenburg ein Schreiben mit der
Ueberschrift ab:

An die Churfürstl. Durchl. zu Sachsen, hiervon kurtz | und einfältig im Teutschen angestellter Historischer Discurs | u. Bericht. 5 Bl. IV.

Der Geistliche lobt die den österreichischen Kaisern eigne Toleranz in Religionssachen, rühmt Ferdinand II. wegen des zu Prag bewilligten Religions- und Profanfriedens, „der auch eine Generalamnestie enthielte", und preist den sächsischen Kurfürsten merkwürdig genug deswegen, weil „er solche moderation und Bescheidenheit in seinen Forderungen getroffen habe; dass Alles wie vor 82 Jahren durch seinen Vorfahren Mauritius, so durch ihn herrlich vollführt sei". Am Ende zieht er eine effectvolle Parallele zwischen Moritz von Sachsen, Gustav Adolph und Johann Georg, „denn Gott habe diese drei Helden auserwählt, um seine Kirche vor des Papstes Greueln und die deutsche Libertaet von vorgehabter Tyrannischer Unterdrückung politice zu vindiciren".

Georgii Pahlen | Brevia | Joco-Seria | Kurtz | Ernstlich Scherz | Zur Respective | Ermannung und Warnung | Über die | Lateinischen und Teutschen Wörter: | I | Pax — Friede | II | Lis — Zank | III | seditio — Aufruhr | Und deren guten und bösen Früchten | Optima sit Vobis Pax, sit Pax undique; Nobis | anno quo | oro Da paCeM qVeIs, tV paX aUrea PaXes. | Hamburgh, | Gedruckt durch Heinrich Werner | Im Jahr Christi 1636. | 42 Bl. IV.

Trotz seiner Stellung als Advokat will er doch den Frieden rühmen und da ist ihm der Name des Kaisers, Ferdinand, sehr genehm. Per transpositionem literae R ante E erhält er „Ferdinand" und literae I ante D „Friednand" und adjecto G „Friedgnand". Der Kaiser hat nach ihm das Symbol: Alle Zeit Friede. Ob der dänische Prinz Friedrich, Erzbischof von Bremen, dem dieses Zeug gewidmet ist, auch ähnliche Gedanken über Ferdinand II. gehabt hat, kann wohl bezweifelt werden, denn nach dem Prager Frieden war er am längsten Erzbischof gewesen. Der Verfasser vermuthet dann mit juristischem Scharfsinn allerhand Geheimnisse in dem Ausdruck pax. p ist = pater, der Vater; a = agnus, das Lamm immolationi

apta, der Sohn; x = s. s == spiritus sanctus, der heilige
Geist. Das Resultat lautet: Weil Gott den Menschen also geehrt hat, dass er ihm die Freiheit, jedes Ding nach seinem
Belieben zu nennen, gegeben, so hat der Mensch Gott geehrt,
indem seine erste Rede und sein erstes Wort pax vermuthlich
gewesen. In ähnlich interessanter Weise werden alle im Titel
angeführten Worte zerlegt.

Dass es einem politischen Factum gegenüber von der Bedeutung des Prager Friedens bei dieser Art von Publicistik
nicht sein Bewenden hatte, versteht sich von selbst. Der Inhalt desselben diente zum Tagesgespräch; man besass eine
grosse Gewandtheit über seine einzelnen Bestimmungen zu dis-
cutiren, wenigstens klagt ein zeitgenössischer Publicist sehr
über die allgemeine Manier sich in Staatsangelegenheiten ein
Urtheil zu erlauben und entrollt dabei ein Bild der erregten
Zeitstimmung [1]):

„Es sollte zwar ein jeder rechtschaffene Christ der aposto-
lischen Mahnung eingedenk sein sich in die Zeit zu schicken
und eher mit herzlichem Gebet die Zornruthe Gottes aufhalten
als anderer Leute Vorhaben zu richten und zu verdammen.
Allein heutigen Tages vergisst ein jeder, was sein ist, bekümmert sich um das, was einem andern befohlen ist, fragt nach
neuer Zeitung; jeder will verdammen, niemand seine eigene
Sache schlichten. Kein grosser Potentat bleibt sicher vor des
gemeinen Mannes unzeitigem Urtheil und lästerlicher Nachrede.
Man erfährt heutigen Tages, dass der geringste Handwerks-
und Ackersmann sich den Vorwitz zu neuen Zeitungen reizen
und wenn er etwas davon mit Grund oder Ungrund angehöret,
dahin treiben lässt, dass er solche Zeitung nicht nur für Wahrheit halten ausgesprenget, sondern alsbald mit seinem Dünkel
und Urtheil eintritt und zu erörtern vermeint, was der Röm.
Kaiser, was dieser oder jener König, Kurfürst, Fürst oder hoher
Herr thun, wie er regieren, Frieden stiften, Krieg führen, wann
er recht oder unrecht gethan oder wie er die Sache sonst in
Krieg und Frieden hätte anstellen müssen; dass ein solcher

---

[1]) Der Anfang der Broschüre „Dankbarkeit des Kurfürsten von
Sachsen. 1637."

Fürwitz heutigen Tages in vollem Schwange gehe, bedarf keines
einzigen Beweises, es ereignet sich in täglicher Erfahrung und
höret man leider mehr denn gut ist, mit was frühzeitigem
Splitterrichten, auch wohl schändlicher, unverantwortlicher Nachrede ein und anderer Potentat der Christenheit von Jungen
und Alten, Reichen und Armen, Laien und Pfaffen ange-
zogen wird.

Von dem römischen Kaiser, den alle Potentaten Europas
für das höchste Haupt der Christenheit halten, mit was giftigen
Zungen dessen Thaten angerüsselt werden, will man sich jetzt
nicht aufhalten; nur mit wenigem will angeführt werden, was
für schimpfliche Reden der Kurfürst von Sachsen davontragen
muss. Er hätte durch den Prager Frieden wider sein Christen-
thum und wider die Dankbarkeit, so er Schweden schuldig,
gehandelt. Mit dergleichen und andern Reden tragen sich
heutigen Tages nach gemeinem Sprüchwort, Kind und Kegel,
man bringt sie an etlichen Orten auf die Kanzel, man nimmt
sie in den Rathsstuben, man kitzelt sich damit in den Herren-
höfen, man schleppt sie in Wein- und Bierhäuser, in Summa,
sie scheinen manchem gemeiner als das heilige Gebet des
Vaterunsers."

Man erhob Anklage auf Anklage gegen den Frieden.[1]
Vor allem wurde die Art und Weise, wie der Kurfürst vor-
gegangen war, den Reichsconstitutionen völlig widersprechend
gefunden. Derselbe wäre niemals befugt gewesen ohne Vor-
wissen, Willen und Gutheissen seiner Mitstände sich in Traktaten
mit dem Kaiser einzulassen, am allerwenigsten hätte er sie
endgültig für alle Reichsglieder abschliessen dürfen. Ja es
wurde behauptet, wie könnte nur den Katholiken so ohne weiteres Vertrauen geschenkt werden, die so oft das haereticis
non esse servandam fidem bewahrheitet hätten, und dabei böte
der Prager Friede auch nicht die geringste Realassecuration
für alle seine Bestimmungen. Wer garantire denn dafür, dass
die Protestanten während der vierzig Jahre im Besitz der geist-

---

[1] Angriffsbroschüren existiren in der ersten Zeit nicht; die oben
erwähnten Vorwürfe sind zum grössten Theil zwei Flugschriften entnommen, die im Jahr 1635 resp. 36 den Frieden zu vertheidigen
suchten und mit denen wir uns sofort zu beschäftigen haben werden.

lichen Güter gelassen würden, und selbst wenn das der Fall
wäre, nach der festgetzten Zeit träte der Religionsfriede mit
seiner vollständig zwiefachen Deutung wieder in Kraft. Man
wandte sich mit Heftigkeit gegen die Jurisdiction des Kaisers
in Religions- wie Civilsachen. Drohend stand das Gespenst der
habsburgischen Macht vor den Augen der Evangelischen. Es
erschien ihnen unbegreiflich, dass dem Kaiser eine Armee, wie
sie Deutschland noch niemals gesehen, zu Gebote stehen sollte.
Seine Hausmacht wäre durch diesen Frieden vermehrt, ohne
weiteres wäre das alte Wahlreich Böhmen mit den Nebenländern
an das österreichische Geschlecht auf ewig gekettet. Johann
Georg wurde ferner getadelt, dass er die Macht seiner Partei
geschwächt hätte. Kaum einer von den evangelischen Fürsten
behalte noch werthvolle geistliche Güter, da im Jahr 1627 nach
Unterwerfung des niedersächsischen Kreises der Kaiser sie
sämmtlich im Besitz gehabt habe. Den böhmischen, mährischen,
österreichischen Evangelischen wäre die Ausübung ihrer Religion
entzogen, und vollends den Schlesiern, für die sich der Kurfürst
so fest verbürgt. Die Reformirten hätte er zum Leipziger Convent eingeladen, mit ihnen im Bunde die Katholiken bekämpft,
um sie jetzt durch seinen Frieden aus dem Reiche zu stossen.
Das ungerechte Verfahren des Kaisers gegen das pfälzische
Geschlecht hätte er sanctionirt; das Kurcollegium wäre in den
Händen der Katholiken; die Amnestie nicht universal. Auch
stiessen sich die Evangelischen sehr an der Stellung, die der
Kurfürst durch den Frieden zu Schweden eingenommen hatte,
die einen sprachen von Bundesbruch, die andern vermissten
die ihm gebührende Entschädigung. Von den entschiedensten
Gegnern wurde auch das Urtheil laut, der Kurfürst hätte den
Frieden nur geschlossen, um eine Entschädigung an Land zu
erhalten; sie verwarfen den Frieden und meinten ein Bündniss der beiden evangelischen Confessionen unter einander,
und mit den ausländischen Staaten hätte viel mehr Sicherheit
geboten. Mancher vermuthete wohl auch, dass im Geheimen
weitere der Freiheit Deutschlands und dem protestantischen
Glauben schädliche Bestimmungen getroffen wären. [1]

---

[1] H. Grotius an Grubbe u. L. Camerarius, Paris 9. Aug. 1635.

Einer derartigen öffentlichen Kritik gegenüber konnte sich die kursächsische Regierung unmöglich in Stillschweigen hüllen; ihr Vorgehen, sowie den von ihr geschlossenen Frieden zu rechtfertigen war die Aufgabe der Flugschrift: **Vindiciae | Pacificationis Pragensis | Oder | Rettung | dess zwischer den Röm. Kays. | Mayst. und Churf. Durchl. zu Sach | sen, zu Praag in Böhmen den 20./30. May | 1635 aufgerichteten | Friedens. | Auffgesetzet durch einen getrewen Chur | sächsischen Patrioten. | Im Jahr 1635. | Sallust in bello Jugurt. | Es kan zwar leichtlich ein Krieg erreget, aber schwerlich geen | det werden, weil derjenige. so den Krieg anfänget, solchen | nicht nach seinem Willen enden kan, ein jeder auch Müssig | gänger kan Krieg erregen, aber nicht eher endigen, biss diejeni | gen, so den Krieg erhalten haben, dazu willigen. | Gedruckt im Jahr 1635. 16 Bl. IV.**

Dazu drei andre Ausgaben mit andrer Titelzeileneintheilung, von denen die eine gleichfalls 16 Bl., die beiden andern je 10 Bl. umfassen. Welche die originale ist, lässt sich nicht feststellen; dass sie jedoch noch vor Michaelis 1635 zu Leipzig bei Andreas Ohlen erschienen ist, ergiebt der Messkatalog. Die Flugschrift fand Verbreitung nicht etwa, weil sie einen grossen publicistischen Werth, sondern weil sie eine gewandte Ausdrucksweise hatte und weil man ihren Verfasser unter den Räthen des Kurfürsten suchte; eine gleichzeitige Broschüre[1]) bezeichnet verblümt den Kammerrath Dr. Doering als solchen, eine Ansicht, der freilich die Angabe[2]), dass ein gewisser Johannes Crusius, Vicekanzler eines Grafen Woldemay, sie verfasst habe, entgegensteht.

---

[1]) „Vindiciae secundum libertatem. Germaniae" S. 44. 1636.

[2]) Placcius, Theatrum anonym. et pseudonym. script. I. p. 302: Vindiciae pacis Saxonicae ann. 1635 publicatae Ioannis Crusii, procancellarii comitis Woldomay, quod sint ex litteris Mstis. Iohannis Scuffer, nescio cujus 1643 Nov. 3 datis asserit Clar. Normanni Symbola (Die Bezeichnung Vind. Saxon. kommt damals öfter für die Vind. pac. Prag. vor). Näheres habe ich trotz aller Bemühungen weder über Crusius noch über Woldomay gefunden.

Sie zerfällt in zwei Haupttheile. Im ersten wird das einseitige Verfahren des Kurfürsten beim Abschluss des Friedens damit rechtlcissen, dass sein Land der Ruhe bedurft hätte, dass seine Bundesgenossen jedem Friedenevorschlag, so dem des dänischen Königs, ungeneigt gewesen wären, dass sio wider die Reichsconstitutionen sich fremdes Eigenthum angeeignet und ganze Territorien des Reichs an fremde Fürsten verkauft hätten, und darauf hingewiesen, wie derselbe die Leipziger Conventsgenossen, z. B. den brandenburgischen Kurfürsten über die Verhandlungen benachrichtigt hätte. Im zweiten sucht der Verfasser verschiedene Bestimmungen des Friedens zu vertheidigen. Bei seinen Auseinandersetzungen ist er hauptsächlich von dem Gedanken der Schwäche der Evangelischen gegen die Macht des Kaisers beseelt gewesen. Seiner Meinung nach müssten die Evangelischen mit der Ueberlassung der geistlichen Güter auf 40 Jahre sehr zufrieden sein, denn durch eine zweite Nördlinger Schlacht würden sie selbst dieses Zugeständniss eingebüsst haben. Er ist so erfüllt von der Gewalt und Grösse des Kaisergeschlechts, dass er den Vortheil, den dasselbe durch die Aechtung der Pfälzer und durch die Verwandlung Böhmens in ein Erbkönigreich gewann, für nicht in die Wagschale fallend erklärt, und so begeistert für Ferdinand II., dass er dass Misstrauen gegen dessen Wort, wie es in der Forderung einer Realassecuration lag, ein Majestätsverbrechen nennt. Gegen die Reformirten bezieht er sich darauf, dass dieselben den Leipziger Schluss, der doch nur zur Erhaltung des Religionsfriedens getroffen wäre, unterzeichnet hätten; da sie in letzterem nicht miteingeschlossen wären, hätte der Kurfürst, der seine ganze Handlungsweise von dem Leipziger Schluss abhängig gemacht, keine Verpflichtung sie in seinem Frieden ausdrücklich zu berücksichtigen. Von Schweden behauptet er indirekt, dass es günstige Friedensbedingungen verworfen hätte, wodurch der Kurfürst auch ohne Zustimmung desselben den Prager Frieden zu schliessen veranlasst worden wäre. Es sind demnach die Vindiciae pac. Prag. nur eine Rettung vor den Anklagen der evangelischen Deutschen, freilich eine unvollständige, da sie die den Böhmen und Schlesiern verweigerte freie Religionsübung mit keinem Wort berühren.

2*

Wir kommen jetzt zu einem Cyclus von vier Flugschriften,
von denen die beiden ersten schon vor dem Prager Frieden
erschienen sind ¹), aber wegen ihres Zusammenhangs mit den
beiden andern erst hier berücksichtigt werden konnten. Es
sind dies:

1. Discursus, | I | Ob jetzo im II. Röm. Reich | Friede zu
machen | Zeit, nützlich, gut, und heilsam sei. | II | Wenn
tratirter: und abgere | deter massen, ein billicher Friedens-
schluss auffgerichtet | und beliebet würde, ob auf Seiten
der Augspurgischen | Confessionsverwandten den Katho-
lischen ohne realassecuration, inhabender befestigter Orthe
und Länder sicherlich | zu trauen sei, und was sonsten
etwan, ausser solcher | Versicherung, vor verwahrliche
Vincula zu | finden und nützlich zu gebrauchen. | Anno
1635 | Von einem getreuen Patrioten, und Liebhabern |
des Friedens aussgegeben.
76 S. IV.

2. Discursus | Ueber nachfol | gende zwei Fra | gen: | I | Ob
nicht die von der Röm. Kais. Majest. dem H. Röm. | Reich
vor höchstnötig und heilsam befundene Friedenstra | ktaten
und darauff abgeredete Punkten, auch von den Katholi | schen
Ständen anzunehmen, sowohl auff allen Fall propter |
tranquillitatem Imperii publicam dieselbigen hieran zu ac-
qui | esciren schuldig seyn, und was sie ihrestheils hierzu
anbewegen soll? | II | Wann den mit der Röm. Kays.
Mayst. geschlossenen Frieden ein oder der andere Evange-
lische oder Katholische Stand | nicht belieben, sondern
vielmehr mit den Waffen, biss seine für | gesetzte Intention
behauptet, continuiren wolte, Ob die übrigen | Friedfer-
tigen sich mit dem Kayser und andern ihm adhaeriren | den
Ständen mit gutem Gewissen conjungiren, unnd die Wie- |
derwertigen ad officium et obedientiam bringen können? |
Von einem getrewen Patrioten dem gemeinem | Wesen

---

¹) Der erste „Discursus" fragt im Titel: „Wenn tractirter Friede be-
liebet würde" und bemerkt p. 16, dass die Ratification desselben noch
nicht erfolgt sei. Im zweiten „Discursus" heisst es, man habe einen
Weg zum Frieden gefunden, „so Alles nur auf Ratifikation beider Par-
teien besteht."

zu gute gestellt und in Druck | gegeben. | Gedruckt im Jahr, 1635. |
24 Bl. IV.

3. Rechtmessige Beantwortung folgender | Frage, | Wann in einem Bündnüss der Vereinignngsnotul diese clausul inseri- | ret worden, dass ohne des Mittverbunden Con|sens und Einwilligung mit dem Feindo kein Friede zu machen | sei, und der eine Confoederatus wolte die fürgeschlagenen pa | cis media, welche der andere Mitvereinigte vor nützlich und | annehmlich achtet, nicht eingehen, sondern vielmehr mit dem | Kriege Continuiren, ob dessen ohne gnugsame Ursachen ge | schehenen dissens ungeachtet, nichts desto weniger non | obstante pacto, der Friede zu ergreiffen, | und darauf zu schlies | sen sei. | In Druck gegeben | Anno | MDCXXXV. |
18 Bl. IV.

4. Gegründete | Ablehnung, | Etlicher wider den Pragi | schen Friedensschluss movirter | dubiorum: | Worbey zugleich befindlich, was in wärender Tra | ctation, bei einem und dem andern Punkt, auff beyden Seiten angeführet, sowol bey Schliessung in Con|sideration gehalten worden. | Dem gemeinen Wesen zu gute in | Druck gegeben. | Von einem Liebhaber des Friedens. | Anno MDCXXXVI. |
4 Bl. Vorrede u. 188 S. IV.

Alle vier Schriften rühren von einem Verfasser her, welcher zugleich mit der Veröffentlichung der letzten eine Gesammtausgabe aller veranstaltet[1]) und demgemäss der „Gegründeten Ablehnung" die drei andern vollständig angefügt hat[2]);

[1]) Der Verlagsort wird wohl Leipzig sein, N. 3 führt eine Vignette (Löwenkopf mit Ketten), wie sie bei den von Gottfried Gross herausgegebeuen Leipziger Messkatalogen vorkommt.

[2]) Beim Durchlesen dieser Broschüre wird man auf ein A, B, C hingewiesen, was meist nicht zu finden ist. Es giebt allerdings noch Exemplare — so auf der königlichen Bibliothek zu Dresden, und auf der Klosterbibliothek zu Wittenberg — welche die drei übrigen Flugschriften enthalten (unter A N. 1, unter B N. 3, unter C N. 2), meistentheils aber sind sie später von der „Gegründeten Ablehnung" abgetrennt worden. Sie unterscheiden sich von ihren Originalen durch die über dem Titel angegebenen Buchstaben A, B, C, durch das jedesmalige Fehlen der Jahreszahl, N. 1 hat dann 37, 2 hat 28, 3 hat 19 Blätter.

nur hat er bei der Angabe ihrer Titel das „Von einem getreuen Patrioten" weggelassen und sie alle unter dem Anonym
seiner letzten Schrift „Von einem Liebhaber des Friedens" zu-
sammengefasst. Bei seinen Auseinandersetzungen verweist er
ohne weiteres auf sie, so z. B. gleich im Anfang: „dass der
Friedenschluss höchstnöthig gewesen, ist in einem Discurs,
dessen Titul: Ob jetzo im H. Röm. Reich Friede zu machen
Zeit nützlich etc. sei, und unter Lit. A zu befinden, genugsam
ausgeführt".

Der erste „Discursus" schildert schablonenhaft und in den
allgemeinsten Redensarten die Vortheile des Friedens, die Nachtheile des Krieges und findet eine Realassecuration für die Be-
obachtung der Friedensbestimmungen sehr überflüssig; in ihm
ebenso wie in den drei anderen Broschüren herrscht eine
lateinisch-deutsche, mit vielen Citaten ausgeschmückte Diktion,
folgende Autoren haben die Seiten füllen müssen: Stuckins,
Cicero, Pindar, Tacitus, Polybius, Augustin, Luther, Dionys
Halicarn., Caesar, Livius, Thucydides, Herodot, Hugo Grotius,
Guntherns Ligerinus, Philo Judaeus, Joh. Peter Surdus, Seneca,
Guicciardini, Plato, U'pinus, Diod. Siculus, Saxo Grammaticus,
Valer. Maximus, Bodinus, Aeneas Sylvius, Zenocarus, Sleidan,
Xenophon, Vellej. Paterculus, Demosthenes und Cassiodor. — Der
zweite setzt weitschweifig auseinander, dass die Katholiken mit
ruhigem Gewissen geistliche Güter den Evangelischen überlassen könnten, hätten es doch ihre Vorfahren in dem Passauer
Vertrag und in dem Augsburger Religionsfrieden auch gethan,
und zeigt, wie alle friedliebenden Stände als Glieder sich mit
dem Kaiser als dem Haupt des Reichs verbünden müssten, um
ihre kriegslustigen Mitstände zum Gehorsam zu bringen. Eine
dahingehende Forderung aber war gar nicht zu Pirna gestellt
worden, sondern wurde erst zu Prag von den Kaiserlichen Gesandten den kursächsischen octroyirt; wenn also eine vor der
Publication des Friedens erschienene Broschüre Kenntniss von
ihr hat, so müssen wir den Verfasser unter der Zahl derer
suchen, die in die Prager Friedensconferenzen eingeweiht
waren. — Die dritte Broschüre zeigt dieselben Mängel wie die
beiden ersten; die Frage, ob man auch ohne Zustimmung eines
Bundesgenossen Frieden schliessen könne, wird durch 15 ganz
allgemein gehaltene Gründe, die sogenannten „Negativa" ver-

neint, durch 13, die „Affirmativa", bejaht und schliesslich durch
eine „Responsio ad Negativa" endgültig entschieden; zu einer
Bemerkung über den Bruch Sachsens mit Schweden hat sich
der Autor nicht aufschwingen können. — In der vierten endlich macht derselbe den grossen Fortschritt, die gegebenen
Verhältnisse zu berücksichtigen und sie seinen Auseinandersetzungen zu Grunde zu legen. Deshalb ist die „Gegründete
Ablehnung" das beste seiner litterarischen Produkte, doch hat
auch sie alle früher gerügten Fehler; ihre Ueberfülle von Gründen und Beispielen hat manchem Publicisten willkommenes
Material zum Copiren geliefert. Der Autor hat in vierzehn
Punkten den Frieden zu retten gesucht. Nach seiner Ansicht
konnte derselbe vom Kaiser und vom Kurfürsten auch ohne
Heranziehung anderer Stände geschlossen werden, da sie
beide „als negotiorum gestorum fidelissimi aeque ac provi-
dissimi" alle Glieder des Römischen Reiches repräsentirten. In
Bezug auf die den Böhmen, Mähren und Oesterreichern verweigerte freie Religonsübung erinnert er daran, dass der Religionsfriede von 1555 sie ihnen auch nicht zugesprochen habe;
trotzdem lobt er die Toleranz, bringt eine Unmasse für sie
sprechender Beispiele, preist diejenigen, welche sich für die
Glaubensgenossen aufgeopfert haben, erklärt, dass der Kurfürst
christliche Ursache genug gehabt habe die Lage der böhmischen
Evangelischen zu sichern und überrascht wiederum mit der
Frage: „Warum soll die Kaiserl. Maj. deterioris conditionis in
ihren Erbländern sein als andere Reichsstände, warum soll
man dem Kaiser etwas vorschreiben?" Aehnlich verfährt er
auch bei dem Vorwurf, dass der Prager Friede keine Generalamnestie enthalte; auf 17 Seiten hält er ihr einen Panegyricus,
um endlich auf einer einzigen Seite die beschränkte Amnestie
mit der Mittheilung zu vertheidigen, dass der Kurfürst trotz
aller Bemühungen keine allgemeine vom Kaiser erlangt habe.

Die „Gegründete Ablehnung" ist die erste Broschüre, die
des Kurfürsten Verhalten gegen die schlesischen Stände zu vertheidigen unternimmt. Im Dresdener Accord hatte sich Johann
Georg den Fürsten und Stände Schlesiens für den Fall zu einer
Waffenhülfe verpflichtet, dass sie um der evangelischen Religion
willen angegriffen und (trotzdem) sammt und sonders des Kaisers treue Unterthanen bleiben würden. „Dieweil aber", sagt

die Flugschrift, „erstens nicht zu verificiren, dass sie jetzo der wahren Religion halber hostiliter bekriegt würden, viel weniger beigebracht, dass alle Stände immer in kaiserlicher devotion standhaftig verharret, ja vielmehr die Kaiserlichen das contrarium behaupten, so fällt das angedeutete pactum und die protectio propter defectum condicionum an sich selbst dahin." In ihrem letzten Theil, der die übrigen an Lesbarkeit und Güte der Beweise bei weitem übertrifft, wendet sie sich gegen die Schweden, die von vornherein nur als „opitulares accessorii" und nicht als „principales bellatores" gelten, weshalb auch ihre Forderung zu den Tractaten hinzugezogen zu werden unberechtigt sei. Wenn der Kurfürst ohne ihren Willen Frieden geschlossen habe, so liege die Schuld an ihnen, die seit dem Tode ihres Königs im Reich „viele unverantwortliche Excesse" vollführt hätten. Damit den evangelischen Deutschen klar gemacht werde, dass sie gegen ihre früheren Bundesgenossen mit vollem Recht Krieg führen könnten, erzählt der Verfasser die Episode, wie der Sohn des Herzogs Albrecht von Mecklenburg, den die Schweden aus Dankbarkeit gegen seinen Vater zum König gewählt hatten, aus Schweden vertrieben wurde.

Er schliesst seine Schrift mit den Worten: „Tu, qui Patriam et Pacem amas, Germane, lego et recte judica."

Und die Deutschen lasen eifrig, aber nicht etwa die „Gegründete Ablehnung", sondern das Friedensinstrument selbst, und da wurde es vielen klar, dass das Preisgeben der evangelischen Interessen nicht mit rechten Dingen zugegangen sein könnte. Man machte auf die Persönlichkeiten, die Kursachsen bei den Verhandlungen vertreten hatten, aufmerksam und fand deren Vergangenheit theilweise wenig Vertrauen erweckend, ein Grund mehr für viele, dem Gerücht zu glauben, die sächsischen Räthe seien vom Kaiser und vom spanischen König bestochen worden. Dazu kam die Nachricht, dass im December 1635 von Antwerpen via Hamburg eine grosse Sendung spanischer Dublonen und Realen nach Dresden abgegangen sei. Gedruckte Rechnungen, in denen die richtige Abgabe und Empfangnahme dieses Geldes bescheinigt war, cursirten; sie sollten einem Briefe entnommen sein, der am 22. Dec. 1635 aus Kursachsen abgesandt worden wäre. Eine solche Quittung lautet in lateinischer Sprache: Ante triduum Hamburgi quattuor millia Philippicorum per N. et decem millia Regalium per N. Antverpia Dresdam ad N. et N. per cambium destinata, aere praesenti exsoluta fuerunt [1]. Die drei sächsischen Delegirten, der Geheime Kammerrath Dr. Doering, die Hofräthe von Sebottendorf und Dr. Oppel waren in den Augen ihrer Zeitgenossen „pensionarii" des Kaisers, und die Publicisten schrieben vollständig im Geiste ihrer Zeit, wenn sie „von den treulosen, gottvergessenen, geldgeizigen und gar zu hoch intentionirten Räthen Kursachsens" sprachen.[2] Der Hass ging so weit, dass ihnen Abfall von der lutherischen Religion vorgeworfen wurde. Auch der Beichtvater des Kurfürsten kam in den Verdacht, durch Geld vom Kaiser gewonnen zu sein.[3] Als Aruim die kursächsischen Dienste verliess, gab er unter andern Gründen auch den an, dass er mit einem Mann wie Hoë nichts weiter zu thun haben wollte, denn am Tage vor dem Friedensfest habe derselbe gegen ihn geäussert, man könne den Prager Frieden nicht mit gutem Gewissen annehmen, in der am folgenden Tage gehaltenen Predigt aber Gott für den Frieden gedankt; und Pufendorf liefert für diese Sinnesänderung die Erklärung, dass Hoë vom Kaiser 10,000 Thaler bekommen habe.[4] Dem sei wie ihm wolle, auffallend ist es, dass der sonst so heftige Hoë über die Anspielung des Oraculum Dodonaeum, „der Verfasser des Bedenkens sei wohl von starken Gaben, als welche jetzt sehr regieren, bestochen worden", in seiner „Unvermeidentlichen Rettung" auch nicht ein Wort verliert.[5]

[1] „Examen Comitiorum Ratisbonensium" 1637.
[2] „Vindiciae secundum libertatem Germaniae" 1636.
[3] „Prodromus exequiarum" 1639.
[4] Liber VII § 43.
[5] Gleichen: Kursächsische Hofpredigerhistorie II, 126 behauptet irrthümlich, in dieser Schrift hätte sich Hoë gegen alle derartige Anklagen vertheidigt.
Benj. Gottfried Weinart: Versuch einer Litteratur der sächsischen Geschichts- und Staatskunde II, 399 erwähnt: Anonymi Schutzschrift für Herrn D. Hoë, dass er an dem Prager Frieden und böhmischen Händeln keinen Antheil habe und verweisst auf Gleichen II, 198 ff., wo sich diese Schrift befindet. Da Weinart dieselbe unter der Broschürenlitteratur des Prager Friedens erwähnt, so könnte die Ansicht

Von kursächsischen Publicisten wurden die Räthe als
treue und redliche Männer gefeiert, die auf Befehl ihres Herrn
die Verhandlung geführt und sich streng an ihre Instructionen
gehalten hätten. Ein sächsischer Student wollte ihnen einen
Schild gegen alle Schmähungen an die Hand geben und verfasste unter dem bedeutungsvollen Pseudonym Achtzennicht
(achte sie nicht) den:

„Clypeus | adversus tela obtrectatorum | oder | Discurs
| Von den | Convitiauten und Lästerern in ge | mein und
sonderlich denen, so den Pragischen Friedenschluss
blösslichen anzutasten sich gelüsten lassen, darinnen nach-
ge | setzte Fragen erörtert werden. | I. | Wenn ein grosser
Herr mit calumniis, Läster- und Schmä | hungen ange-
griffen wird, wie er sich hierinnen erweisen | II. | Und
sich sonsten die Räthe und Diener eines grossen Herrn,
da | Sie ihrer anbefohlenen Verrichtungen halben ange-
strengt werden, | verhalten. | III. | Was sie den Obtrecta-
tionibus und Calumniis, wie ingleichen | ingemein andere,
so vor bösen Lästermäulern nicht ruhe haben können,
| entgegensetzen sollen. | IV. | Was denen, so solche ca-
lumnias hören und lesen, darbey zu thun | sey. | V. | Und
was Calumniatores davon zu gewarten haben, und von
| ihnen zu halten sey. | Authore | Justo Achtzennicht, L.
L. Studioso. | Gedruckt im MDCXXXVII Jahre. |
65 Bl. IV.

Mehr als den Titel anzugeben wäre Ueberfluss, so eine
unlesbare, lateinisch - deutsche Dissertation ist es und dabei ·
noch so lang! Etwas mehr Geschick bewies ein junger Jurist

---

entstehen, als ob sie unmittelbar unter dem Eindruck jener Anklage
entstanden sei. Sie ist aber erst Anfang des 18. Jahrhunderts verfasst, denn sie citirt Pufendorf und Müllers Annales Saxoniae (1700).
Ein Dresdner Geistlicher wird der Vater dieser Apologie Hoës sein
und Gleichen wird sie in einem Kirchenarchiv gefunden haben. So
wie sie vorliegt, macht sie nur den Eindruck eines Entwurfs. Hoë
hat nach ihr niemals zum Prager Frieden gerathen, vielmehr stets die
Schweden gebührende Satisfaktion in demselben vermisst, weswegen
auch dem Verfasser die Behauptung, jener hätte vom Kaiser 10,000
Thaler erhalten unbegreiflich erscheint.

mit einer Rechtfertigung Doerings gegen die Invectiven eines
schwedischen Theologen ¹) Namens Gerdson:

„Antwort | Auf eines boshaffti | gen Calumnianten, so
sich | Joachimum Gerdson, S. S. Theol. Studiosum nennet,
Spargirte Lästerschrift, darinnen er einen Chur | fürst-
lichen Sächsischen zu den Pragischen Tracta | ten, neben
andern, abgeordneten Rath, zur | Ungebühr antastet.
| In Druck gegeben | durch | Gottfried Harnisch | der
Rechten Studiosum, | Freder. de Marselaer in Legato
| lib. 2. dissert. 43 | De novacula et spongia calumniae
| Virtutis magnae fatum est, calumniis, invidia, | obloquiis
peti. Magnae item virtutis ars et o | pus est, id genus
Doemoniorum sustinendo, | bene agendo superare, | sic
velut ejurare. | Anno 1637. |
10 Bl. IV.

Der Autor betont, dass der Kaiser und der Kurfürst
selbst den Frieden geschlossen hätten und nicht deren Räthe,
am allerwenigsten könnte D. Doering für dessen Bestimmungen
verantwortlich gemacht werden, da er nur insoweit an den
Conferenzen theilgenommen hätte, als es sich um die kaiserliche Schuldforderung handelte.

Durch solche Entgegnungen liess man sich aber nicht irre
machen, selbst die Unterthanen des Kurfürsten warfen den
Räthen Bestechlichkeit vor. Dadurch wurde dieser zu folgen-
dem Patent veranlasst:

Abdruck | Churfürstl. Durchl. zu | Sachsen etc. Ab-
mahnungs | u. Verwarnungs-Patents | , Sich alles frevel-
haften Syndicirens u. bosshaffti | gen calumniirens der
aus Christlichen, rechtmessigen | und wohlbedachten Ur-
sachen, mit der weiland Röm. Kai. auch | zu Hungarn
und Boheim Kön. Majest. Kaiser Ferdinando dem | An-
dern glorwürdigsten Andenkens, zu Praga, den 30 Mai
Anno 1635 geschlossenen Pacifikation, wie auch derer
| zu den Tractaten abgeordneten Räthe, bei Vermeidung
unnachlässiger Straffe gänzlich zu enthalten. | Auf höchst-
gedachter Churfürstl. Durchl. | sonderbaren, gnädigsten

---

¹) „Copey dreier Schreiben" 1636.

28

Befehlich | in Druck gegeben | zu | Dresden | Anno
| 1637. |
4 Bl. IV.

Was half es dem Kurfürsten, dass er „die widerwärtigen
Discurse über den Frieden" bei Strafe verbot; dass er Oppel,
Doering, Sebottendorf als redliche Männer bezeichnete? Es
bewahrheiteten sich doch mit jedem Tage mehr die Worte
eines sächsischen Publicisten [1]): „Nostrum saeculum est κριτι-
κώτατον".

In damaliger Zeit, wo religiöse und politische Fragen nie
streng getrennt wurden, musste die Stellung, welche die Theologen zu dem Frieden einnahmen, von grossem Einfluss auf
die öffentliche Meinung sein. Durch ihn war der Triumph des
Katholicismus über den Protestantismus entschieden, viele fein
besaitete evangelische Gemüther schracken vor einzelnen Bedingungen zurück, selbst wenn sie Ruhe und Eintracht ihrem
gequälten Vaterland von Herzen gönnten, und verwarfen einen
Frieden, durch den die evangelischen Böhmen, Mähren, Schlesier, Oesterreicher der „babylonischen Hure" verfielen, durch
den man gezwungen war die einheimischen und fremden Glaubensgenossen im Verein mit den Katholiken zu bekriegen.
Diese Skrupel mussten Vielen benommen werden, wenn eine
theologische Autorität mit der Behauptung hervortrat, der Friede
stehe mit dem evangelischen Gewissen nicht in Widerspruch.
So ist das offene Schreiben Joh. Gerharts, Professors der Theologie zu Jena, zu verstehen, das herausgegeben wurde als:
Schreiben | Herrn D. Johann Gerharts, | Theologi und
Professoris | zu Jena. | An | den Fürstl. Hessischen Canz-
ler, | Herrn D. Antonium Wolffium in | Lateinischer
Sprache abgangen. | Darinnen diese Frage dediciret wird:
| Ob ein recht Evangelischer | Reichsstand den Prageri-
schen Frieden | mit unverletztem Gewissen annehmen
könne, weil dadurch den Evangelischen in Boehmen,
Oesterreich und Mähren, das freie Religionsexercitium ab-
gesprochen, u. ob nicht derowegen der Krieg | so lange
conti | nuiret werden solle, bis denenselben als | unsern
Glaubensgenossen, die Frei | heit der Religion wieder er-

[1]) „Etliche Fragen und deren Beantwortung" 1637.

langt werde. | Nunmehr aus dem Latein in Deutsch ver-
| setzt, und beides allhier zusammen | gedruckt. | Anno
1636. |
12 Bl. IV.¹)

Der Professor ist der Ansicht, dass für die Böhmen nicht
Anspruch auf Religionsfreiheit erhoben, um ihretwillen nicht
der Krieg fortgesetzt werden dürfte, da sie durch ihre Rebellion
den Kaiser zur Aufhebung des Majestätsbriefes gezwungen hätten;
wenn derselbe das Land katholisirt hätte, so hätte er nur
das Recht der Obrigkeit die Confession der Unterthanen zu bestimmen vollzogen; ein jeder Evangelische könnte also den
Prager Frieden mit gutem Gewissen annehmen. Ebendahin
hatte sich schon früher der Geistliche Tobias Wagner in einer
auf Befehl des Eslinger Magistrats gehaltenen Predigt ausgesprochen, die auch publicirt wurde.²)

Am 13. Juli 1635 übersandte der Herzog Georg von Lüneburg der theologischen Fakultät seiner Universität Helmstädt
ein Exemplar des Prager Friedens mit dem Befehl ihm 4 Fragen
zu beantworten, die im Grossen und Ganzen besagten, ob ein
evangelischer Fürst, ohne Sünde auf sein Gewissen zu laden,
sich zu dem Frieden bekennen dürfe und ob die evangelische
Religion durch ihn gefährdet sei. Die Antwort erfolgte am
17. Juli und zeigt, wie eine theologische Körperschaft die
Mängel des Friedens zu vertheidigen gesucht, wie sie ihn an
Werth dem Religionsfrieden gleichgestellt hat. Die Fakultät
versteht sich zu der Behauptung: Ein evangelischer Fürst kann
den Prager Frieden, der alle Vortheile des Passauer Vertrags
und Augsburgers Religionsfriedens den Evangelischen von neuem
verbürgt, mit unverletztem Gewissen nicht ausschlagen; sie giebt
zu, dass die Grösse des kaiserlichen Heeres, wie sie zu Prag
festgesetzt, gefahrdrohend sci, doch falle diese Gefahr fort,
sobald alle Stände sich mit dem Kaiser versöhnt hätten. Ihr

---

¹) Nach Chr. Gryphius: Scriptores Hist. saec. XVII p. 129 hat
Gerhard in der zweiten Auflage seiner „Homilien", welche 1640 in
Oktav erschien, das Schreiben weggelassen, ebensowenig haben es
die Erben des Professors in die Auflage von 1647 mit aufgenommen.
Die Ansichten hatten sich mit der Zeit geändert.

²) Ebenda: die „Conciones casuales" dieses Theologen, in welchem
die Friedenspredigt enthalten sein soll, standen mir nicht zu Gebote.

Schreiben so wie das ihres Landesherrn wurde im Jahr 1636 unter dem Titel in Druck gegeben:

Theologisches bedenken, | Von annehmung des Pragerischen Friedenschlusses, | Uff begehren | Eines vornehmen Evangelischen Reichsfürsten, | Von der Theologischen Facultet zu N. gestellet, | darinnen | diese IV Fragen erörtert worden, | I. Wie weit und ferne ein Evangelischer Fürst | des Reichs respectu Religionis, obangedeuteten | Friedensschluss mit unverletztem Gewissen annehmen könne? | II. In welchen terminis der Religion status pericli | tire oder nicht? | III. Mit was Fundamenten u Gründen solche Opi | nion zu behaupten | IV. Ob einem Christlichen Fürsten des Reichs für Gott | zu verantworten mit stillsitzen den Feinden der | Religion ihre Intentionen exequiren zu lassen, so | lange noch einige vires restitentiae vorhanden. | Ist auch Hochgedachter Ihrer Fürstl. Gn. an gedachte Facultet disfalls ergan | genes Schreiben hierbei zu finden. | Gedruckt | im Jahr 1636. 10 Bl. IV.

Das „Bedenken" rief die werthvolle theologische Gegenschrift hervor:

Copey | dreyer Schreiben, | den Pragerischen Friede ; betreffend : | I. Ihrer Fürstl. Gn. Hertzog Georgens zu Braunschweig u. Lüneburg Gewissens-Frag über selbiges Friedens-Annehmung. | II. Der Theologischen Facultact zu Helmstaedt | Antwort auf dieselbige | III. Eines Lutherischen vornehmen und hoch | gelahrten Theologi Bedenken über sol | ches Consilium und Beantwortung. | Dem Evangelischen Leser zu besserem Christlichen | Nachdenken zusammen in Druck gegeben durch | Joachimum Gerdson, S. S. Theol. Studiosum, Königl. Schwed. alumnum. Im Jahr | MDCXXXVI. 45 S. IV.

In einer Vorrede an den „christlichen Leser" wird der Prager Friede mit „der Komödie oder vielmehr Tragödie des Interim", das bekanntlich vielen glaubenseifrigen Zeitgenossen Melanchthons ein Dorn im Auge gewesen war, verglichen;

ebenso wie damals heuchelten auch jetzt viele Theologen, besonders hätten die Helmstädtischen ein mit falsitatibus und unerweislichen assertionibus gespicktes Gutachten ausgestellt, aber es gäbe noch Gelehrte, die von dem Frieden nichts wissen wollten, unter denen wäre auch der geistreiche Verfasser des Scripti, worin jenes Gutachten examinirt wurde und was er, Gerdson, jetzt mittheilen wollte. Der Student wird die Schrift „einem hochgelahrten und vornehmen" Theologen zugeschrieben haben, um ihr mehr Nachdruck zu geben, ein Theologe von Ruf hätte wohl niemals ein Wort der Entschuldigung dafür gehabt, dass er die Autorität einer Akademie angriffe. Wir begrüssen in ihr die erste schwedische Broschüre; der Verfasser nennt sich selbst einen schwedischen „Alumnus" und hebt hervor, dass kein Evangelischer gegen die Krone Schweden dienen könne. Der Prager Friede, erklärt er im Gegensatz zu den Helmstädter Professoren, muss verworfen werden, weil viele evangelische Fürsten, wie der Herzog von Würtemberg, der Markgraf von Baden und andre ihrer Länder beraubt sind, weil die evangelische Kirche durch die Competenz des Kaisers in allen Religions- und Civilsachen und durch das Verbot Bündnisse zu schliessen gefährdet wird, und der Krieg muss so lange geführt werden, bis die unterdrückten Evangelischen in „Schwaben, Würtemberg, Elsass, Pfalz, Franken, Thüringen, Westfalen, Hessen, Mark, Pommern" befreit sind.

Auch in Pommern traten die Geistlichen mit Kundgebungen gegen den Frieden hervor, hier aber im Gegensatz zum Herzog und seinen Provincialständen[1]); im August 1635 übergaben die Pastoren Stettins dem Herzog ein Bedenken, worin sie den Frieden auf das schärfste verurtheilten. Es geht von der Forderung aus, ein annehmbarer Frieden müsse sich mit der Gerechtigkeit „küssen", „legt man den Prager auf diese Probe, so möchte man wohl nicht wenig, ungeachtet der süssen Worte daran desideriren, denn er ist mit jesuitischen Aequivocationen vermischt, ferner ist der modus procedendi bei dieser Traktation derartig, dass eine von den Päpstlichen beabsichtigte Disjunction

[1]) Pufendorf Liber VII § 50.

der Evangelischen zu vermuthen." Die Geistlichen finden in
dem Frieden zehn sogenannte „casus conscientiae". Neu sind
unter diesen Gründen gegen die Annahme des Friedens nur
die: dass kein lutherischer Fürst in die Restitution der geistlichen Güter willigen, keiner das pfälzische Haus ohne Urtheil
und Recht verdammen lassen dürfe. Ihrem Herzog empfehlen
sie das Beispiel des alten Mattathias, des Stammvaters der
Maccabäer zur Nachahmung, der, wo alle abgefallen waren,
streng an dem Gesetz der Väter hielt, und schlagen ihm vor
sich gegen jeden Angriff auf das sorgfältigste zu rüsten und
in einer Schrift der ganzen Welt kund zu thun, warum er den
Frieden nicht annehmen könnte. Ihre Schrift ist erst 1637,
jedenfalls nach dem Tode Bogislavs, gedruckt worden:
Der | Stetinischer Theologen | Bedenken, | An | dess
Hertzogen zu Pommern | Fürstl. Durchl. Ob der Pragische
Frieden | sschluss mit gutem Gewissen könne acce | ptirt
werden? | Im Jahr 1637.
12 Bl. IV.
Bezeichnend für die Stettiner wie überhaupt die pommerschen Geistlichen ist folgende Episode.[1]) Die Räthe des Herzogs hatten in ihrer Sympathie für die Kaiserlichen den Geistlichen befohlen das allgemeine Kirchengebet zu ändern, des
Kaisers Namen zu erwähnen, und die Formel, in der Gott um
Vertilgung der Päpstler und Calvinisten und um Abwendung
aller Angriffe des Kaisers und des Brandenburgers gebeten wurde,
wegzulassen; als Grund hatten sie angegeben, dass der Feind
gegen Niemand in ganz Pommern so hart verfahre wie gegen
die Pastoren. Diese verstanden sich nicht zu der Umänderung
und antworteten energisch ablehnend, das Kirchengebet passe
sehr gut für den traurigen Zustand des deutschen Reichs, ihrer
als Theologen sei es unwürdig sich furchtsam in die Zeit zu
schicken und etwa eine solche macchiavellische Theologie ein-
zuführen wie es die moderne Politik der Pseudopolitiker wäre.
Mit dieser Replik, die im März 1636 erfolgt war, begnügten
sie sich nicht; zwei Prediger an den Stadtkirchen Stettins be-
nutzten die Passionssonntage, um den Prager Frieden als ein Werk

---

[1]) Chemnitz II, 1006 und Pufendorf Liber VIII. § 32.

des Teufels und seine Anhänger als Teufelskinder von ihren
Kanzeln herab zu schildern. Beide gaben ihre Predigten unter
den an und für sich schon vielversprechenden Titeln heraus:
„Proditor Christi detectus oder die Historie, wie Christus
seinen Verräther geoffenbart" und „Samsonica Evangelicorum
occaecatio, der verblendeten Evangelischen Simson", und
diese fanden zum grossen Verdruss sächsischer Publicisten
Leser.[1]

Während die lutherischen Theologen entgegengesetzte Ansichten über den Frieden hatten, waren die reformirten in ihrem
Urtheil über einig; sie mussten sammt und sonders einen
Frieden zurückweisen, der ihrer Confession keine Berücksichtigung schenkte. Oft war von seinen Vertheidigern gesagt
worden, dass die Reformirten nicht zu den Augsburgischen Con-
fessionsverwandten gehörten, und dass sie keine Anerkennung
von dem Prager Frieden beanspruchen könnten, da der Religions-

---

[1] Nur durch den „Clypeus adversus tela obtrectatorum" habe
ich Kenntniss von diesen beiden jedenfalls sehr heftigen Herzenser-
güssen lutherischer Prediger bekommen. Die Titel will ich der Vollständigkeit wegen angeben, wie sie dort zu finden sind. I Proditor
Christi detectus oder die Historie, wie Christus seinen Verräther geoffenbart. In zwei Passionspredigten den 10. und 17. März dieses
1636. Jahres erklärt. Und itzo auf vieler Christen begehren, wohl-
meinend in den Druck gegeben durch Christophorum Schultetum,
d. H. Schrift D. und zu S. Jacob in Altenstettin Pastorem. Nebenst
einer Vorrede von der Evgl. Kirchen jetzigen betrübten Zustand und
bevorstehenden Gefahr von den Papisten. Alten Stettin bei David
Rethen 1636. II. Samsonica Evangelicorum occaecatio: Der verblendeten Evangelischen Simson, d. i. eine ausführliche Gottes Wort
gemässe Demonstratio, wie der jüdische Simson unter andern auch
stehe zu den letzten Zeiten der Welt, zum Vorbild der Evgl. Sim-
sonen und Helden in Dtschl., indem dieselben eine Zeitlang sich werden um das Ev. verdient machen, aber hernach ja wo nicht ärger als
der jüdische Simson verblendet sein und dadurch die Kirche in grosse
Noth und Elend führen, wie auch solches dem Herrn Christo noch
jetzo in seinen Gliedmassen eine rechte passio sein werde. Anstatt
der Passionspredigten in öffentlicher Kirchversamml. zu S. Nicolai
in Altenstettin verschienen Fasten ausgeführt durch M. Samuel
Fuchs, gedachter Kirchen daselbst Pastorem. Altenstettin bei David
Rethen 1636.

34

Friede sie ihneu versagt hätte. Dieso Behauptung suchte Johannes Crocius, Hofprediger des Landgrafen von Hessen-Cassel, durch folgende Broschüre zu widerlegen:

Summarische | Nachricht: und beweissliche anzeige | dass die Evangelischen | Reformirter Religion zugethane. so ein zeit | hero in Teutschland unter Zwinglis und Calvini verhass | ten Nahmen übel aufgerufen worden, | Niemal in ordentlicher gestellter Reichs o | der anderer ziemlicher Versammlung, nach genugsamen Verhör | der Sachen, von gesampte Stände der Augspurgische Confes | sion durch einmütthigen Schluss verdrengt, | Oder die in Teutschland der Reformirten Religion zugethanen | Stände und Kirchen, von Gemeinschaft der Augsburgischen Con |fession, ausgeschlossen, und des Religionsfriedens bei selbiger Lehr und | Ceremonien unfähig, | Sondern von vornehmen berührter Confession ver | wandten Ständen, Kirchen und Gelehrten, vor Mitglieder am Leibe | Christi und Glaubensgenossen erkannt und erklärt, auch Freundschaft mit ihnen gehalten worden, und nichts, dass ihnen wegen des Sacraments ei | nige Beschwer zugefügt werden sollen, eingewilligt wer | den wollen. | Aus vergangenen Handlungen, Protocollen, Schrifften, andern ; documenten u. öffentlichen Historien begriffen, nud zum Truck verfertiget, | durch Johannem Crocium D. Grebenstein, | Gedruckt bey Salomon Schadewitz MDCXXXVI. [1])
63 S. IV.

Die „Summarische Nachricht" enthält lediglich Beispiele. namentlich aus der Reformationszeit, durch welche weiter Nichts als das gemeinsame Vorgehen der Lutheraner und der Reformirten gegen die Katholiken bewiesen wird. Ihr Verfasser, D. Johannes Crocius, wurde von Hoë auch für den Autor des „Oraculum Dodonaeum" gehalten; in der „Unvermeidentlichen Rettung" spielt dieser S. 47 und 48 auf jenen an: „Er bleibt aber, wie man sieht, Johannes in eodem" und „das ist aber res altioris indaginis, umb welches weder ich, noch Herr D.

---

[1]) In Leipziger Messkatalogen wird Hofgeismar als Verlagsort angegeben.

Johannes C. zu C. uus zu kümmern haben". Allerdings sprechen
einzelne Umstände für die Autorschaft des Casselschen Hofpredigers: der Landgraf Wilhelm liess, wie schon bekannt, vor
der Unterdrückung des Oraculum 500 Abzüge verbreiten, Cru-
cius selbst verfasste in der „Summarischen Nachricht" eine in
mancher Beziehung der „Unvermeidentlichen Rettung" entgegen-
stehende Schrift, und griff diese auch in seinem Commentar de
August. Confess. societate an.[1] Es ist aber kaum anzunehmen,
dass das mit grosser publicistischer Gewandtheit geschriebene
„Oraculum Dodonaeum" und die nur aus Beispielen zusammen-
gefügte „Summarische Nachricht" von ein und demselben Verfasser herstammen.

Noch von anderer Seite wurde aus religiösen Motiven der
Prager Friede gemissbilligt: von den Ultrakatholiken, von der
Kurie. Der Papst sagte es dem kaiserlichen Gesandten ins
Gesicht, dass sein Herr den Ketzern viel zu viel Zugeständnisse gemacht habe.[2] Ferdinand II. rechtfertigte sich in einem
lateinischen Schreiben an seinen Vertreter, welches besagte:
Seit 17 Jahren hause der Krieg im edlen Deutschland, nur
durch einen Frieden könne es gerettet und auch so nur die
katholischen Territorien aus den Händen der Feinde gerissen
werden. Um diejenigen, „welche zu sehr für die Religion
sorgten", zu trösten, zähle er alle durch den Prager Frieden
errungenen Vortheile auf: sämmtliche katholische Fürsten seien
restituirt, Bremen, Hildesheim und andere Bisthümer in katholische Hände gekommen; er, der Kaiser, habe sich die Jurisdiction über die Vertheilung der geistlichen Güter nach dem
Verlauf der festgesetzten 40 Jahre wie über alle andere Religionssachen vorbehalten, während den Pfälzern das Land entzogen sei und Augsburg bis auf eine Kirche katholisch werde;
auch werde er nun leichter die Türken und der König von
Spanien leichter die Niederländer besiegen können. Am Schluss
machte Ferdinand den französischen König dafür verantwortlich, dass „der Religion nicht noch mehr gedient sei", denn
Frankreich habe die Ketzer unterstützt und Schweden zum

---

[1] Gleichen II, 125.
[2] H. Grotius an Ludwig Camerarius, Paris 17. Aug. 1635.

3*

Kriege angestachelt. Das Schreiben [1]) trug der Gesandte dem Papst vor; es wurde darauf in Druck gegeben, später ins Deutsche übertragen und vielleicht um so mehr von protestantischer Seite verbreitet, weil in ihm der volle Sieg des Katholicismus von dem ersten weltlichen Vertreter desselben frohlockend ausgesprochen wurde. Die Titel von vier verschiedenen Auflagen lauten:

1) Ferdinandi II | Romanorum Impe | ratoris Augu | stissimi Motiva | seria | et Emolumenta | publica, initae pacis cum Serenissimo Duce | Saxoniae Principe Electore, prout ea ex | Mandato Caesareo transmissa sunt ad virum quendam magnae auto | ritatis. | Anno | MDCXXXV. 4 Bl. IV.

2) Des Allerdurchlauchtigsten | Ferdinandi des An | dern, Römisch. Kais. Maj | estät, u. | des zwischen | Ihre Churf. Durchleuch | tigkeit zu Sachsen | getroffenen | Friedes] Bewegliche Motiv | und Allgemeine Nutzbarkeiten, | Wie solche aus Kayserl. Befehl an eine hohe | Person abgeschickt, | und | Aus dem lateinischen Exemplar ins Deutsche | versetzt worden. | Gedruckt in diesem 1635 Jahre. 4 Bl. IV.

---

[1]) Zeitgenossen hielten den Brief des Kaisers für fingirt, so sagt der Verfasser der „Pirnischen und Pragischen Friedenspakten, man könne nicht versichern, ob er wirklich abgegangen wäre", und Grotius schreibt (Paris, 9. Aug. 1635) an L. Camerarius, er sei verfasst _ad implendam fabulam." Doch änderte dieser bald seine Ansicht dahin, dass der Brief, wenn auch nicht die selbsteigenen Worte, so doch die Gedanken des Kaisers enthalte. Für seine Echtheit spricht, dass der kaiserliche Gesandte ganz nach Art und Weise desselben dem Papst den Prager Frieden empfohlen hat (Grotius an Camerarius 17. Aug. 1635), und der Umstand, dass alle gleichzeitigen Schriften, die „Pirnischen und Pragischen Friedenspakten", die Deploratio pacis Pragensis" und der „Hiatus Cassani obstructus" ihn vom 8. Juni datiren, während die uns von ihm vorliegenden Exemplare den 8. Juli als Datum anführen. Demnach können wir ein — jetzt allerdings verloren gegangenes — Original annehmen, was an dem ersten Termin, also vor der Publication des Friedens (S. 11), abgesandt wurde und nur von einer so eingeweihten Person, wie der Kaiser war, verfasst sein konnte.

3) Ernstliche und bewegende Ursachen | und | Allgemeine Nutzbarkeiten dess | zwischen Ibro Kayserlichen Majestät und | Ihro Churfürstl. Durchl. zu Sachsen, | getroffenen Friedens. | Wie solche auff besonderen Kayserlichen Befehl an | einen fürtrefflichen Mann seynd übersandt | worden. | Aus dem lateinischen ins Teutsche transponirt. | Gedruckt im Jahre MDCXXXV. 4 Bl. IV.

4) Bewegliche Motiv und allgemeine Nutzbarkeiten | des allerdurchleuchtigsten | Ferdinandi des An | dern Römisch Kaiserl. Majest. | u. des zwischen | Ihrer Churf. Durchlauchtig | keit zu Sachsen getroffenen Friedes. | Wie solche auf Kayserl. Befehl an eine | Hohe Person | abgeschickt | und | aus dem lateinischen Exemplar ins Deutsche übersetzet worden. Gedruckt in diesem 1635 Jahre. 6 Bl. IV.

Hiermit wollen wir die Schriften abschliessen, die religiöse Bedenken gegen den Prager Frieden zu erheben oder sie zu vernichten suchten, um uns denen zuzuwenden, die vor allem aus politischen Gründen gegen ihn polemisirten.

So verschiedenartig auch die Publicisten diese Polemik geübt haben, zu dem Resultat, dass der Prager Friede den universalmonarchischen Plänen des Hauses Habsburg die Wege bahne, sind sie alle gekommen und haben sie in ihren fliegenden Blättern [1], „den Pirnischen und Pragischen Friedenspakten" 1636, der „Epistola Germani illustris ad similem" 1636, den „Vindiciae secundùm libertatem Germaniae" 1636, der „Deploratio pacis Pragensis" 1636 und dem „Prodomus Exequiarum"

---

[1] Ihre abweichende Auffassung von der Ursache und dem Zweck des damals herrschenden Krieges ist nicht ohne Interesse. Die „Vindic. sec. lib." meinen, es werde um „Gottes Ehr und Wort" gekämpft, die „Pirn. u. Prag. Friedensp." sagen, „die fürnembste Ursache dieses Krieges rührt aus dem Streit über die geistlichen Güter her"; dem entgegnet aber der „Prodromus": Fatale hoc bellum externa quidem specie ob bona Ecclesiastica, revera autem ad Germanicae libertatis oppressionem a partibus contrariis gestum est, und seine Ansicht ist auch die der „Deploratio".

1639 fast phantastisch die Gefahren auseinandergesetzt, durch die seit 1635 die Selbständigkeit von ganz Europa in Frage gestellt sei. Daher sind diese Flugschriften sammt und sonders werthvolle Beiträge zu der ausgebreiteten politischen Literatur wider das Kaisergeschlecht. Sie sind theils von deutschem, theils von ausländischem Standpunkt aus geschrieben, der innige Zusammenhang jedoch, der zwischen den Deutschen, die noch nach dem Prager Frieden gegen den Kaiser kämpften, und den ausländischen Staaten existirt hat, ist auch in ihnen unverkennbar. Am nationalsten sind die „Pirnischen und Pragischen Friedenspakten", weniger national die „Epistola", am wenigsten der „Prodromus" gehalten; mit diesen dreien werden wir uns beschäftigen, nachdem wir einen kurzen Blick auf die Publicationen[1] geworfen haben, durch die Schlesien auf dem Kampfplatz der öffentlichen Meinung vertreten ist.

Kaum in einem andern deutschen Territorium wird der Prager Friede eine solche schmerzliche Aufregung hervorgerufen haben, wie in Schlesien. Die schlesischen Fürsten und Stände konnten und wollten es nicht glauben, dass der sächsische Kurfürst sie der Tyrannei des Kaisers preisgegeben hätte, und schickten deshalb eine Gesandtschaft nach Dresden, um aus dem Munde Johann Georgs das Schicksal ihres Landes zu erfahren. Als dieser das Unglaubliche bestätigte, übergaben sie ihm wie dem Generallieutenant Arnim Schriftstücke ein und desselben Inhalts[2] — diese erschienen später im Druck und

---

[1] Auf diese habe ich, trotzdem sie schon im Jahre 1635 erschienen sind, in der Anmerkung S. 16 keine Rücksicht genommen, weil in ihnen einzig und allein die Bestimmungen des Prager Friedens, soweit sie Schlesien betrafen, kritisirt sind.

[2] Ein Exemplar ist mir nicht zu Gesicht gekommen. Soweit sich aus einem Bibliothekskatalog ersehen lässt, sind die beiden Aktenstücke zugleich mit der Antwort des Kurfürsten unter dem Titel publicirt: „Wahrhaftige Copia und Abdruck der Chfst. Durchl. zu Sachsen den Evangelischen Fürsten und Stände von Schlesien nacher Dresden abgeordneten Gesandten gegebene Resolution dd. Dresden den $\frac{30. \text{Mai}}{10. \text{Juni}}$ 1635 als auch derer Gesandten darauf übergebenen Replica und deren Fürsten und Stände, an den Churfürsten und Generallieutenant von Arnimb abgegangenen Schreibens 1635." Der Inhalt

wurden von den Broschürenschreibern oft benutzt. Darin betonten sie, dass der Kurfürst, ohne von ihnen aufgefordert zu sein, seine Armee in ihr Land geschickt hätte, dass seine Generäle ihnen militärischen Schutz angeboten und diesen Schutz ausdrücklich mit dem Dresdner Accord von 1621 zu rechtfertigen gesucht hätten; durch Drohungen hätten sie sich endlich zur Annahme desselben gezwungen gesehen, und wenn sie sich dadurch „des Kaisers devotion" entzogen hätten, so läge die Schuld am Kurfürsten. Er hätte ihnen Versprechungen gemacht, um sie jetzt zu vergessen, deshalb erinnerten sie, die „weit anderes verdient", ihn nochmals an sein Wort sie bei allen ihren Religions- wie Staatsprivilegien zu erhalten, der Prager Friede verstosse gegen ihre Ehre, Achtung und Gewissen. Dieser energische Protest nützte den armen Schlesiern ebensowenig, wie die Fürbitte, die der König von Polen 1635 für sie beim Kaiser einlegte.[1] Ferdinand liess sich nicht von seinem Vorhaben abbringen Schlesien zu katholisiren. Strenge Dekrete wider die Evangelischen und ihren Gottesdienst wurden erlassen, Soldaten und Priester gaben denselben Nachdruck. Das war der Dank, dass die Schlesier sich dem Kurfürsten in die Arme geworfen hatten. Durch das ganze Land erhob sich ein Schrei der Entrüstung, der wiederklingt in der Broschüre:

Loci Communes | Schlesischer Gravaminum, | daraus zu ersehen | Ob die vereinigten Evangel. | Fürsten und Stände in Schlesien neben der Stadt | Breslau Unrecht gethan, und Ursache gehabt, die | angebotne Hülfe Königl. Majest. und der Kron | Schweden, u. der beiden Churfl. Durchlaucht zu Sachsen u. Brandenburg zu acceptiren, und sich un | ter gewisser Mass mit den Evangel. allirten | Reichständen zu conjun | giren. | Zusammengetragen durch Christianum | Treulich, und ausgedruckt in Breslau | Im Jahr 1635.
68 Bl. IV.

der Schreiben ist nach Chem. II, 718 u. Theat. Europ. III, 501 angegeben worden. Ueber die „Resolution" des Kurfürsten habe ich Nichts gefunden.

[1] „Intercession | Schreibens Kön. Maj. | in Polen, An Ihre Kayserl. | Majest. wegen des Landes | Schlesien.
8 Bl. IV.

Trotzdem diese Flugschrift auch nicht mit einem einzigen
Wort des Prager Friedens Erwähnung thut, ist sie doch die
beredteste Anklage, die gegen denselben im schlesischen Intresse erhoben worden ist. Ausführlich wird dargelegt, wie
Arnim im Auftrag Johann Georgs sich um die Gunst der
Schlesier bemühte, wie diese anfangs auf keine nähere Verbindung eingehen wollten, wie sie endlich im August 1633 durch
die Erklärung des sächsischen Generals, Wallenstein wolle sie
nicht mit in den Frieden aufnehmen, seine Anerbietungen mit
günstigeren Augen betrachteten, wie sie dann ausdrücklich nur
„unverletzter Pflicht gegen Ferdinand II." den militärischen
Schutz der Evangelischen annahmen. Das Wort des Kurfürsten
„dem zu succurriren, der sich beschwert fühlte", wird oft erwähnt, aber auch stets hinzugefügt: „Was soll helfen, wenn
eines Kurfürsten Wort nicht Stich hält!" Um den Beweis liefern zu können, dass die Schlesier ein Recht hatten sich mit
Sachsen, Brandenburg und Schweden zu verbünden, erörtert
der Verfasser die Frage über den Ursprung der Fürstengewalt·
Sie kam seiner Ansicht nach aus der Unterthanen Mitte und
war zuerst weise und gerecht, als aber mit der Zeit der Fürst
das ihm verliehene Recht missbrauchte, setzten die Unterthanen
gewisse Grundgesetze fest, unter denen die Religionsfreiheiten
die erste Stelle einnahmen. Sobald nun, folgert der Verfasser,
ein Fürst seine Unterthanen zu einer falschen Religion zwingen
will, sobald er sie ausplündert, sollen sie, ohne sich 'der Rebellion dadurch schuldig zu machen, Fremde gegen ihn zu Hülfe
rufen. In einer solchen Lage sind die Schlesier gewesen. Da
Ferdinand II sie zur katholischen Confession gezwungen und
sie ausgeplündert und beraubt hat, haben sie sich mit vollem
Recht nach Hülfe bei ihren Glaubensgenossen umgesehen. Und
desswegen räth der Verfasser auch jetzt die „Devotion gegen
den Kaiser einem Popelmann" gleichzuachten und sich fest an
die noch vereinigten Evangelischen anzuschliessen. Seine „Loci
Communes" enthalten eine ausführliche Geschichte all der Greuel
und Leiden, die Schlesien von den Kaiserlichen zu erdulden
hatte, das Land wurde auf das scheusslichste von einer ent-
arteten Soldatesca misshandelt, die vom Trossbuben bis hinauf
zum Feldherren ihresgleichen an Brutalität, Völlerei und Van-

dalismns suchte. Der Verräther Wallensteins übrigens, Piccolomini, spielt in der schlesischen Flugschrift eine ähnliche Rolle wie sein Kamerad Goetz in der „Ianiena Pasewalcensis."

So lesbar aber auch die „loci Communes" sind, den Fehler der Einseitigkeit haben sie in hohem Masse und mussten ihn auch haben, weil sie die Intressen nur eines einzigen deutschen Territoriums berücksichtigen. Zu einer solchen Beschränkung konnten und wollten sich die deutschnationalen Angriffsbroschüren des Prager Friedens nicht verstehen: Pirnische und Pragische | Friedens-Pacten, | zusampt gestellter Co[lation und An | weisung der Discrepanz und Unterschieds | zwischen denenselben; | Auff Maass und Weiss, wie davon in der hiernächst- | gesetzten Vorrede an den Leser mit mehrem Be | richt gethan wird. | Nebst etlichen dienlichen Beylagen. | Gedruckt im Jahr Christi | 1636. 346 S. IV.

Die „Pirnische und Pragische Friedenspakten" sind ihrem Umfange nach nicht eine Broschüre, sondern ein Buch, leider ohne Angabe des Verlagsorts, ohne Angabe des Verfassers. Wer derselbe gewesen, wer ihn zu seinem Werke veranlasst, sind Fragen, die wohl nur durch Benutzung von Archivalien beantwortet werden können. Doch verlohnte es sich der Mühe den Namen eines Mannes zu erfahren, der eine gradezu staunenswerthe Kenntniss der deutschen Staats- und Rechtsverhältnisse gezeigt, der in allen Fragen des Prager Friedens die beste Auskunft gegeben hat. Es gelang ihm, vielleicht auch durch die Pflichtvergessenheit eines kursächsischen Beamten, Abschriften von dem Pirnaer und Prager Friedensinstrumenten mit allen ihren Memorialien und Nebenrecessen zu bekommen [1]). Diese benutzte er, um seine Schrift zu verfertigen,

---

[1]) Der Verfasser sagt, dass er von den Hauptvergleichen und den beiden Nebenrecessen sichere und beglaubigte Abschriften erlangt habe, „so dass an einer Uebereinstimmung mit den Originalen nicht zu zweifeln"; worauf er sehr gewissenhaft fortführt, „es seien ihm noch etliche Projekte zur Hand gekommen, welche aber unvollkommen theils ganz falsch, undeutlich und unverständlich geschrieben, man auch von einestheils keine gewisse Nachricht haben mögen, ob die-

der es die Zeitgenossen zu verdanken hatten, dass sie den Pirnaer Frieden[1] überhaupt, den Prager wenigstens vollständig, vor allem die bisdahin unbekannte Liste der Nichtamnestirten, kennen lernten. Mit dieser verfolgt der Verfasser einen dreifachen Zweck.

Erstens will er den Unterschied zwischen den beiden Friedensschlüssen „einem jeden, auch dem gemeinsten Mann demonstriren." Und deshalb liefert er zuerst von S. 9—65

selben zu Pirna oder Prag abgefasset." Dies sind: ein Memorial, worin dem Kurfürsten von Sachsen die geistlichen Güter auf 50 Jahr überlassen werden, ein andres wegen des Erzstifts Magdeburg, ein drittes der 4 Magdeburgischen Aemter, ein viertes der Satisfaktion Schwedens wegen, die in 10 Tonnen Gold bestehen sollte. Sie haben alle nur zum Pirnaer Vertrag gehört, während das Memorial über die Schuldforderung des Kurfürsten an den Kaiser und die Abtretung der Lausitzen wohl auch Eigenthum des Prager ist.

[1] Mir liegt allerdings eine Edition des Pirnaer Friedens vor: Friedensschluss | zwischen | Röm. Kays. Majest. | Ferdinandum II | und | Churfürstl. Durchl. | in Sachsen Hans Georgen etc. betreffend den zerrütteten statum des Römi | schen Reichs; | Zusampt beigefügten Memorialen, | Wegen Conjunction der Waffen, und Aussöhnung | der Evangelischen Fürsten und Stände | in Schlesien. | Abgehandelt und getroffen zu Pirna den $\frac{24}{14}$ No | vember Anno 1634. | Gedruckt im Jahr MDCXXXV.

48 S. IV. (unvollständiges Exemplar), aber ich halte sie für eine Copie mit zurückdatirter Jahreszahl aus den „Pirnischen und Pragischen Friedenspakten", da der gleichzeitige Chemnitz (II, 597), sowie der spätere Pufendorf (Lib. VI, § 107) behaupten, der Pirnaer Friede sei nicht publicirt worden, und da ein so fleissiger Sammler wie Lundorp keinen Druck desselben anführt. Gesetzt den Fall aber, dass sie keine Copie ist, einen Werth für die Publicistik hat sie nicht im mindesten gehabt; alle Broschürenschreiber, die dem Pirnaer Frieden Berücksichtigung gönnen, berufen sich auf die „Pirnischen und Pragischen Friedenspakten." Wenngleich gar nicht zu dieser Zeit gehörend muss doch das Schriftchen: „Kurzgefasste Nachricht von dem im Jahr 1634 geschlossenen Pirnischen Friedenstraktat, wie solcher auf der Bibliothek zu Goerlitz befindlich ist, ertheilet von Johann Hortzschansky Gymn. Coll. und Biblioth. Goerlitz, gedruckt bei Joh. Friedrich Fickelscherern (8 Bl. IV)" hier einen Platz finden. Es ist im Jahr 1771 verfasst worden und giebt in 12 §§ ausser einer Vorgeschichte des Pirnaer und Prager Friedens einige Hauptstellen aus jenem an.

einen Abdruck des Pirnaer Friedens; dieser Druck kennzeichnet durch grossgedruckte Buchstaben, durch Klammern, Anführungsstriche und Randlinien die im Prager fehlenden, zugesetzten, geänderten und transponirten Stellen. Von S. 66—290 folgt die Vergleichung der beiden Friedensinstrumente, Absatz für Absatz, Zeile für Zeile, Wort für Wort, und zwar steht rechts als leitender Faden der Wortlaut des Prager, links der entsprechende Passus des Pirnaer sammt den Bemerkungen des Verfassers. Dieser ist bei seiner Arbeit so genau verfahren, dass er vermerkt, sobald im Pirnaer „und", im Prager „oder", dort „Kriegscharge", hier „Kriegsbefehl", dort „Frieden", hier „Friedenstraktat" sich befindet, und auf diese Weise hat er allein für die beiden Hauptvergleiche 331 Differenzpunkte entdeckt. Die Vortheile, die der Pirnaer Friede den Evangelischen verschafft haben würde, stellt er gebührend in den Vordergrund, so die Aufnahme der Reformirten in den Frieden, die Restitution aller Kirchen und Schulen Augsburgs, das für die Evangelischen günstigere numerische Verhältniss des sächsischen zum kaiserlichen Heere, die auf einer Zusammenkunft aller Interessenten verheissene Entscheidung der pfälzischen Frage.

Zweitens macht er sehr richtig darauf aufmerksam, dass „in unterschiedlichen Punkten die eigentliche Meinung des Prager Friedens fast einzig und allein aus Collation" mit dem Pirnaer verstanden werden könnte. Man liest nämlich oft Nichts arges ahnend über einen Passus des ersteren hinweg, nimmt man aber den letzteren zur Hand, so findet man, dass an der betreffenden Stelle Manches, ja Vieles ausgelassen ist, was späterhin zu bittern Consequenzen Veranlassung geben konnte. Wir wollen nur ein Beispiel aus den vielen wählen. Im Prager Friedensinstrument geschieht die Uebertragung der vier Aemter Burg, Jüterbog, Dahme, Querfurt ohne jede nähere Bestimmung, doch wird an dem Wortlaut des Artikels gewiss Niemand Anstoss nehmen. Das muss indess jeder thun, wenn im Pirnaer dem Kurfürsten ausdrücklich noch „die landesfürstliche Obrigkeit, hohe Regalien und alle andern pertinentien" übertragen werden. Die „Pirnische und Pragische Friedenspakten" meinen, dass durch diese Correctur dem Kurfürsten das jus exercendae religionis entzogen sei und dass der Kaiser

die Einführung der katholischen Religion laut dem Prager
Friedensschluss in den 4 Aemtern fordern werde.

Drittens endlich zeigt er und zwar nicht willkürlich, wie
es von andern Publizisten geschah, sondern an dem Wortlaut
des Friedensinstruments selbst, „was es für eine eigentliche
Beschaffenheit um den nunmehr soweit und breit beschreiten
Prager Frieden habe und was deren in der Traktation be-
griffenen Partheien intentiones und desseins dabei gewesen",
wenn er dies auch in seinem Vor- und Schlusswort wiederum
in Abrede stellt. Er rügt besonders, dass in dem Prager
Frieden die Katholiken als bisherige treue Assistenten des
Kaisers, die Protestanten dagegen als Rebellen angesehen würden, und dass seine Bestimmungen ohne dauernden Werth
wären, da sie nicht wie die des Pirnaer in den Capitulationen
der Kaiser beschworen werden sollten. Desswegen argwöhnt
er, würde sich „der katholische Theil nicht sehr dabei beschwert
fühlen, sondern die vermeinten Ketzer zu Dienst und Vortheil
der Römischen Kirche defraudiren", „ja sie ex usu publico aus-
rotten." Für einen grossen Nachtheil der Evangelischen erklärt
er ihre Minorität im Kurcollegium wie auf den Reichstagen,
und die nicht erfolgte Aufhebung des Restitutionsedikt; auch
tadelt er den Ausschluss der Reformirten, die sich als treue
Bundesgenossen bewährt hätten. Von kursächsischer Seite, so
von der „Gegründeten Ablehnung", war darauf hingewiesen,
dass die Reformirten gar nicht ihres Besitzstandes verlustig
gehen würden, sei doch des Kurfürsten von Brandenburg no-
minatim im Frieden gedacht worden. Dem hält aber der Verfasser entgegen, wie der Kurfürst, wenn er auch in die Amnestie
aufgenommen sei, doch als Reformirter aller seiner geistlichen
Güter, ob mittelbar oder unmittelbar, entsetzt werden könne·
Das Endziel des Friedens ist seiner Ansicht nach „vim conferri
in unam familiam" (Austriacam). Der Kaiser hat, wie er des
längern auseinandersetzt, die geistliche und die weltliche Macht
Deutschlands unter seine Söhne vertheilt. Sein jüngrer Sohn,
Erzherzog Leopold Wilhelm, ist durch den Besitz der Erzbis-
thümer Magdeburg und Bremen, der Bisthümer Halberstadt,
Strassburg, Passau zum Papst des deutschen Reichs, sein
ältrer, der König von Ungarn, durch den ihm zuerkannten

Oberbefehl über das Reichsheer zum deutschen Kaiser auscr-
sehen worden, weshalb dieser sich auch nicht zu einer Capitulation verstehen wird. „Wie scharf aber diese beiden Schwer-
ter dermaleins auch diejenigen, so sich an jetzo dieselbe zn
stabiliren so sehr bemühen, treffen und wie meisterlich das
Haus Oesterreich derselben sich zu bedienen und sie zu seinem
dessein zu gebrauchen wissen möchte", daran erinnert der Verfasser voll Nachdruck. Er befürchtet eine vollständige Umänderung der Reichsconstitution und spricht nicht den Reichstagen, sondern den Befehlen der habsburgischen Kaiser die
Entscheidung in allen Angelegenheiten zu. Den Ständen sei
ein Widerstand gegen das Haus Oesterreich durch den Prager
Frieden unmöglich gemacht, Bündnisse seien ihnen untersagt,
ein jeder müsse befürchten wegen Theilnahme an den böhmischen oder an den pfälzischen Händeln nachträglich vom
Kaiser an Land und Leuten bestraft zu werden, kurz, wenn
jemand auch jetzt in die Amnestie aufgenommen sei, er werde
doch nur des Polyphems Dank: Ultimum te devorabo ernten.
Grade mit der beschränkten Amnestie hat sich der Verfasser
sehr eingehend beschäftigt. Er macht einen Unterschied zwischen den nichtamnestirten Offizieren und Soldaten einerseits,
den Fürsten und deren Räthen andrerseits. Während auf
katholischer Seite allen Kriegsgenossen die Amnestie zu theil
geworden war, hatten sie auf evangelischer Seite nur die kursächsischen und die andrer evangelisch-lutherischer Stände
erhalten, dagegen nicht die der Reformirten und der ausländischen Staaten, trotzdem doch unter Schwedens Fahnen meist
Deutsche kämpften. Und da die Amnestie nur bis auf das
Jahr 1630 zurückging, so und soviel Soldaten also wohl für
ihre Dienste nach diesem Jahre, nicht aber für die, welche sie
vor demselben geleistet hatten, der Verzeihung des Kaisers versichert waren, fragt der Verfasser mit vollem Recht: Quis erit
innocens? In eine gewisse Aufregung versetzt ihn die Aechtung
der Reichsstände, des kurpfälzischen Hauses, des Herzogs von
Würtemberg und vieler Grafen und Herren in den vier obern
Kreisen, die „alle mit einander so hoch nicht sollen geschätzt
werden, dass derentwegen dieser Schluss einige Stunden, wie
die Worte lauten, aufzuschieben gewesen." Ihr ganzes Ver-

brechen — dahin spricht er sich bei Gelegenheit des Amnestie-
nebenrecesses aus — bestehe nur in dem Widerstand gegen
den „contendirten Dominat" Oesterreichs, die Mitglieder des
consilium formatum aber seien lediglich aus dem Grunde ihres
Vaterlandes verwiesen, weil sie für die Freiheit desselben Sorge
getragen haben. Als er sein Buch schrieb, hatte der Kaiser
erst über eines der durch den Frieden herrenlos gewordenen
Territorien [1]) verfügt, über die übrigen dagegen nicht. Der
Verfasser macht sich ein Vergnügen daraus diese unter die
katholische Partei zu vertheilen, so z. B. Baden-Durlach an
das Haus Habsburg für seine vorderösterreichischen Besitzungen,
Grafschaft Wied an das Kurfürstenthum Köln, Grafschaft Er-
bach an das Kurfürstenthum Mainz für seine „auf dem Oden-
wald habenden Aemter". Sehr ernst aber urtheilt er, dass
kein Friede für das Reich zu hoffen wäre, so lange die beschränkte Amnestie Geltung hätte, und sein Urtheil ist ja auch
von der Geschichte als richtig bestätigt worden. Getreu dem
politischen Glaubensbekenntniss seiner Zeit weist er nach, wie
das Haus Oesterreich nicht zufrieden mit der Unterjochung
Deutschlands auch eine „Vergewaltigung" aller europäischen
Königreiche und Republiken erstrebe, er sieht in dem Prager
Frieden eine Allianz des Kaisers, des Königs von Spanien und
des sächsischen Kurfürsten, die gegen das Ausland gerichtet
ist und unter anderm auch die Wiedereroberung aller einst
zum deutschen Reiche gehörigen Länder bezweckt.

Für seine Schrift wurde ihm das Lob und die Verehrung
der gebildetsten Männer jener Zeit zu theil [2]), doch ist kaum
anzunehmen, dass sie mit ihrem gelehrten, sachgemässen und
ruhigen Charakter auf die grosse Masse Eindruck gemacht hat,

---

[1]) Die Grafschaft Isenburg-Büdingen hatte er dem ihm ergebenen
Landgrafen Georg von Hessen verehrt.

[2]) Chemnitz II, 708 sagt: Der Autor habe mit sonderbarem Fleiss
und Dexteritet die Differentien zwischen dem Pirnaer Projekt und
dem Prager Friedensschluss eingeführt. Pufendorf (Lib. VII, § 43)
kennt das Buch. Struve: Historisches Archiv II, 204 giebt einen Aus-
zug in 40 Punkten, doch hat er grade die wichtigsten nicht berücksichtigt; seine Darlegung ist ferner allzu summarisch, und daher un-
klar. Helbig hat es in seinem Prager Frieden benutzt.

und scheint sie auch nur eine Auflage erlebt zu haben. Für
uns ist sie von allen gleichzeitigen publicistischen Produkten
deshalb von dem allergrössesten Werth, weil sie mit ihrer
Polemik gegen den Prager Frieden die Natur und Eigenschaft
einer noch für unsre moderne Geschichtsschreibung nothwen-
digen Quelle verbindet, und müssen wir ihrem Verfasser für
das gewährte Verständniss des Prager Friedensinstruments in
hohem Masse dankbar sein.

Er hat seinen „Pirnischen und Pragischen Friedenspakten"
Akten angefügt (S. 291—346), aus denen die „Intention des
Friedens besser erlernt werden soll" — das Friedensprojekt Johann Georgs aus dem Jahre 1634, von dem das Prager Friedensinstrument sehr abwich, beispielsweise sollte als Normaljahr
für die Restitution der geistlichen Güter 1612 festgesetzt werden,
durch Arnim wurde es dem brandenburgischen Kurfürsten übergeben und brachte dieser mit eigner Hand manche Veränderung
im Intresse der Evangelischen an; Auszüge aus dem Bedenken
der sächsischen Landstände über den Pirnaer Frieden und aus
dem Gutachten des brandenburgischen Raths Levin von Kuese-
beck [1]); den Brief des Kaisers an seinen Gesandten in Rom; —
und solche, aus denen die „Praxis und Interpretation" des
Prager Friedens erkannt werden soll: „Gründlicher Bericht von
dem jetzigen Zustand der Stadt Augsburg" (1635); „Extract
eines Schreiben von Kurmainz an die Stadt Erfurt" (1636).
Das intressanteste Schriftstück ist der:

„Abdruck eines, wie für gewiss ausgegeben worden,
von einem Koelnischen Jesuiten an die Patres der So-
cietaet zu Pont à Mousson in Lothringen abgegangenen
und damals von der Koenigl. Französischen Garnison in
Trier intercipirten Schreibens: Die Pirnischen Friedenstraktaten betreffend.

Darinnen nebst Communication der damals geschlossenen Pirnischen Friedenstraktaten benannten Jesuiten zu
Pont à Mousson etliche Arcana und Mysteria, so hinter

---

[1]) Knesebeck widerräth in 7 Punkten dem Kurfürsten die Annahme des Pirnaer Friedens, wofür er von Chemnitz (II, 652) und
Pufendorf (Lib. III, § 28) gelobt wird.

solchen Traktaten zum besten der Röm. Kirchen verborgen, damit Sie sich durch den ersten Anblick, als ob der Ketzerei noch gar zuviel darinnen indulgiret wäre, nicht irre machen sollten. angedeutet; Und dabei der Churf. Durchl. zu Sachsen und Landgraf Georgens von Hessen-Darmstadt Fürstl. Gnaden Ihre Laudes decantirt und was Sie für Favor und Praemia für so fleissige der Röm. Kirchen geleistete Dienste zu gewarten haben sollten, declariret wird." Der zwei Druckseiten umfassende Brief, datirt Köln den 20. Jan. 1635, erklärt in fliessendem Latein, der Kaiser habe zu Pirna den Reichsstädten und dem sächsischen Kurfürsten lediglich aus dem Grunde gewisse Zugeständnisse gemacht, um sie von ihren Bundesgenossen zu trennen und um die Ketzer, die verbündet jedem Feinde trotzten, einzeln überwinden zu können; seine Macht und die Autorität der katholischen Kirche habe durch den Frieden an Umfang gewonnen, vor allem sei nicht zu unterschätzen, dass diejenigen, die sich als Vorkämpfer der Freiheit priesen, wie Rebellen um Begnadigung bitten müssten; alle etwaigen Wünsche aber, welche die Katholiken noch hegten, würden sich verwirklichen, sobald Frankreich mit Habsburg im Bunde die Ketzer bekämpfte, was in kürzester Zeit geschehen würde. Er ist, so viel wir wissen, bisher für echt gehalten worden [1]), unsrer Ansicht nach ist er eine — freilich höchst geschickte — Fiktion, die in der Absicht verfasst wurde, die Evangelischen, möglicher Weise die Wormser Conventsgenossen, vor einer Aussöhnung mit dem Kaiser zu warnen, sie zum festen Zusammenhalten anzuspornen und vielleicht auch sie den Intentionen Frankreichs zugänglich zu machen. Nachweislich haben Georg von Hessen-Darmstadt und dessen Kanzler Dr. Wolff von Todtenwart zu Pirna sehr viel für die Sicherheit und Befriedigung der Evangelischen gethan[2]), der Brief dagegen behauptet, sie[3]) hätten auf das eifrigste den

---

[1]) Helbig: Der Prager Friede S. 605.
[2]) Ebenda S. 601.
[3]) „Sed prae ceteris Lupi ingenium tanquam stupendum omnes mirantur neque ei satis dignas pro tam fideli et forti nostrarum partium propugnatione refundi posse gratias fatentur." Diesen Worten,

Vortheil der Katholiken gewahrt; er kann demnach diese Aussage nur aus verläumderischer Absicht gethan haben, und eine Verläumdung der beiden Männer hat einzig und allein im Intresse der antikaiserlichen Partei gelegen. Er will von einem kölnischen Jesuiten an Ordensbrüder in Pont à Mousson geschrieben sein; wenn nun auch die Adresse einfach: An die Väter der Gesellschaft Jesu lauten konnte, der Briefschreiber musste sich unbedingt nennen und sicherlich würde sein Name mit abgedruckt sein, denn er war das beste Argument für die Echtheit des intercipirten Schreibens, sein Fehlen spricht sehr deutlich für das Gegentheil. Ob der Brief für sich allein durch den Druck verbreitet worden ist, möchte man fast bezweifeln, da gleichzeitige Publicisten [1]) ihn aus den „Pirnischen und Pragischen Friedenspakten" entlehnt citiren; ob er aber von dem Verfasser der ebengenannten Schrift herrührt, kann weder bejaht noch verneint werden.

In demselben Jahre, wie die „Pirnischen und Pragischen Friedenspakten" erschien eine anonyme, lateinisch geschriebene Broschüre in Briefform:

Epistola Germani illustris ad similem Germanum, datirt Paris den 1. Juli [2]),

welche einen Vergleich zwischen dem Prager und dem Autal-

die Dr. Wolff auch in andern Broschüren lesen konnte, folgte in Parenthese die Bemerkung: hoc loco nonnulla Cyphris scripta feruntur, die natürlich nur zu den argwöhnischsten Vermuthungen anreizen sollte. Ueberhaupt musste der Darmstädter Kanzler unter Anspielung auf seinen Namen manche Anfechtung von den evangelischen Publicisten erdulden, der Autor des „Prodromus" spricht von den „Fauces Lupi Darmstadini" und der Verfasser der „Vindiciae secundum libertatem Germaniae" sagt sogar: „Dieses ist der Darmstädtische Kanzler der unter den Evangelischen Schafskleidern verkappte reissende Wolf, welcher nicht unbillig von Todtenwart, a mortis specula, den Namen führet, denn er auf der Warte des Todes Wacht hält und viel einfältige Christen verleitet."

[1]) „Vindic. sec. libert.", wenigstens in der Originalausgabe und der Hippolithus.

[2]) Diese Nachricht entnehme ich dem Buche: Hiatus Jacobi Cassani obstructus 1638. 12⁰, dessen Verfasser, wie wir später sehen werden, auch gegen die Epistola seine Feder geschärft hat.

4

cidischen Frieden zog. Es ergiebt sich, dass ihr Verfasser
Johann von Rusdorf, dass ihr Original der 88. Brief in dessen
Consil. et negot. polit. ist. Dieser Brief wurde von Rusdorf
schon Juli 1635 während seines Aufenthalts in der französischen Hauptstadt [1]) entworfen und nach Verlauf eines Jahres
publicirt: sein Verlagsort ist unbestimmbar, auf keinen Fall
jedoch ist er Paris.[2]) Was den Diplomaten zu einem Angriff
auf den Frieden veranlasst, ist die in ihm von neuem procla-
mirte Aechtung des kurpfälzischen Hauses. Er verurtheilt ihn
von vornherein mit den Worten: „Mars gravior sub pace latet,
nomine pacis crudelissimum bellum, sub persona Deae Irenes,
foedissima et exsecrabilis Enyo; una manu talcam seu ramum
oliva, altera sleam funestissimam et sanguinolentam ostentans"
und vergleicht ihn mit dem Antalcidischen, von dem er sich
nur wie ein Ei vom andern unterscheide. Die Rolle des
Perserkönigs lässt er den Kaiser, die der Griechen die Protestanten spielen, die Pfälzer und die Schweden wechseln in
der der Thebaner, während der Kurfürst von Sachsen die
Lacedämonier vertritt. In sich drängenden rhetorischen Fragen
beleuchtet er die Schäden des Prager Friedens, das einseitige
Verfahren Johann Georgs beim Abschluss, die Aechtung der
Pfälzer, die Kriegserklärung an Schweden, die gewaltige Uebermacht des Kaisers, und prophezeit dem Frieden ein baldiges
Ende, das wie beim Antalcidischen ein Pelopidas oder Epami-
nondas herbeiführen werde.

Nach Verlauf von 3 Jahren, Pfingsten 1639, wurde zu
Rotterdam eine zweite kurpfälzische Flugschrift publicirt, der
„Prodromus Exequiarum funestae Pacificationis Pragensis". [3])
Von diesem Rotterdamer Original stand uns nur eine sehr
schlechte, deutsche Uebersetzung aus dem Jahre 1640 zur
Verfügung:

Vortrab | der Leichbestattung | des unseligen Pra-
gischen Friedenschlusses | Worbey | Gustav, Friedrich

---

[1]) Krüner: Johann von Rusdorf, Halle 1876. S. 115.
[2]) L. Camerarius sandte ihn erst nach Paris an Hugo Grotius
(derselbe an Camerarius, 29. Jan. 1637).
[3]) Der „Prodomus" benutzte die vor ihm erschienenen Broschüren:
„Deploratio" 1636 und „Examen Comitiorum" 1637.

und | der Landgraff, von den Todten wie | der herfür-
kommen. | Dass sie vor die Religion und Region reden,
wie der Pragische Friedenschluss weder vor diesem | von
den Protestirenden Reichsständen insgemein, noch auch
heutigen tages : von der durchleuchtigen Fürstlich Kasse-
lischen Frau Wittiben abson | derlich, ja auch von den
Römisch Katholischen Ständen selbst nicht mit gu | tem
gewissen, oder auch unter einigem schein nutzens, welcher
des einem oder | des andern theils Kirchen, oder welt-
liches Regimentwäsen, oder jemands | absonderlich davon
zu erwarten habe, bisshero angenom | men werden können,
oder annoch könne. | Und werden dabey hin ū̄d wieder
die fürnembste blu | men vorbesagten Friedenschlusses,
mit Christlicher Bescheidenheit, | abgebrochen und der
allergefährlichste Zustand von gantz | Europa für Augen
gestellet | Durch | Bernhardum Comenium. | Den Inhalt
des Buchs wird der Leser auff dem der Vorrede nechst-
nachfolgendem Blade zu | sehen haben. | Dionys. Hali-
carn. | Es ist gleichsamb durch ein unsterbliches Gesetze
der Natur von E | wigkeit hero beschlossen, dass die
Koenigreiche von den unrechtmessigen | Besitzern und
Inhabern, wieder an die rechtmessi | gen Herrn bracht
werden. | Nach dem ersten Reterodamischen Truck ins
Teutsche | gegeben und getruckt im Jahr 1640.
146 S. IV.

Eine zweite verbesserte und vermehrte Auflage — nach
der wir citiren werden —, wurde zu Amsterdam verlegt:

Prodromus Exequiarum | Funestae Pacificationis, Pra-
gensis | ; Nec non | Gustavus, Fridericus | et Landgravius |
Redivivi, | Pro | Religione et Regione Protestantes | et
Remonstrantes, Pacificationem Pragensem, neque antehac
a Pro | testantibus Imperii Statibus in Genere, nec hodie
a Celsiss. D͞a͞ Vidua Cassellana in spe | cie, quin imo ne
ab ipsis quidem Romano — Catholicis Ordinibus bona
conscientia, vel apparente saltem cujusque pactis Ecclesiae,
politiae, aut privato | cujusquam commodo potuisse vel
adhuc | posse: | Ubi Sparsim | Praedictae Pacificationis
flores insigniores Christiana sobrietate carpuntur et prae-

4*

sens | periculosissimus Europae status ob oculos ponitur: |
Autore Bernhardo Comenio. | Argumentum libri pagina
praefationem sequens Lectori | exhibet. | Editio secunda,
auctior et correctior. | Dionys. Halicarn, Aeterna quadam
Naturae lege, numquam intermoritura decretum | est, ut
Imperia ab injustis possessoribus ad Justos | transferantur. |
Amstelodami, | Apud Petrum Jacobi | Anno 1639.
4 Bl. (Titel und Vorrede) und 85 S. IV.

Unter dem pseudonymen [1]) Bernhard Comenius möchte man
beinahe Rusdorf aus folgenden Gründen verborgen meinen. In
der Vorrede des Prodromus sagt der Verfasser, er habe die
Vortheile und Nachtheile des Prager Friedens kürzlich in
Form eines Briefes entworfen, ein derartiger Brief aber ist die
„Epistola Germani illustris ad similem". Der Verfasser greift
den „Iliatus Jacobi Cassani obstructus" an, der wie schon bemerkt den Brief zu widerlegen sucht. Er sowohl wie Rusdorfs
„Epistola" nennen den Frieden eine „tragoedia" und geben ihm
das Prädicat „consarcinata". Das Eine jedoch, dass auch der
Autor des „Prodromus" ein Anhänger des pfälzischen Hauses
ist, steht fest. Fast auf jeder Seite zeigt er diese Anhänglich-
keit; in einem besondern Paragraphen vertheidigt er den verstorbenen Friedrich gegen die Anschuldigung des Friedensinstruments, der Anstifter des Krieges gewesen zu sein und
ergeht sich des längern in den leidenschaftlichsten Ausdrücken
über die unerhörte Grausamkeit, mit der dessen ganzes Geschlecht, das doch aus königlichem Blut stamme, behandelt
werde. Dem Sohn des unglücklichen Fürsten, Karl Ludwig,
giebt er den Titel eines Erztruchsesses und Kurfürsten des
II. Römischen Reichs und droht Ferdinand III., den er als
Kaiser nicht anerkennt, dass jener in seiner Würde als Reichs-
vicar einen auswärtigen Potentaten auf den Kaiserthron setzen
werde. Auch ist Restitution Böhmens und der Pfalz die erste
Forderung, die er an einen annehmbaren Frieden stellt.

Nach seinem eigenen Geständniss hat er zwei Motive für
die Publication seiner Schrift gehabt: die Landgräfin Amalia
Elisabeth von Hessen-Kassel, die nach dem Tode ihres Gemahls

[1]) Gryphius: de script. saec. XVII. p. 133.

zum grossen Unbehagen aller antikaiserlichen Deutschen und
Ausländer[1]) einen Waffenstillstand mit dem Kaiser eingegangen
war, von einer Annahme des Prager Friedens abzuhalten und
zu zeigen, dass nicht der unruhige Geist der Reformirten, sondern das Intresse für die deutsche Freiheit eine Zurückweisung
des Friedens erheische. Beinahe allen nennenswerthen Gegnern desselben hat er seinen „Prodromus" gewidmet: Ludwig
XIII., der Schwedenkönigin Christine und ihren Vormündern,
dem Pfälzer Karl Ludwig, den Generalstaaten, der Landgräfin
Amalia Elisabeth und der Stadt Emden, und hat er schon durch
diese Widmung bezeugt, wie eng nach dem Prager Friedensabschluss das antikaiserliche Deutschland mit dem Ausland
liirt war. Ihm sind der französische König und die französische
Königin „publicae Libertatis custodes et divinitus constituti
Promachi", namentlich den ersteren[2]) weiss er nicht genug zu
rühmen, dagegen hat er für die Intressen der Niederländer
kein wohlwollendes Wort. Man darf annehmen, dass seine
Schrift nur mit Wissen und Willen, wenn nicht aller, so doch
einiger der obengenannten Fürsten und Stände verfasst ist,
denn Getreuen[3]) derselben sollen laut der Vorrede seine publicistischen Absichten bekannt gewesen sein. Er zeigt sich in
ihr als ein Mann von theologischen, noch mehr aber von historischen und staatswissenschaftlichen Kenntnissen; er bekennt sich
zu der Lehre von der aristokratischen Verfassung des deutschen Reichs, und sein „Prodromus" muss als ein Vorläufer des
Hippolithus bezeichnet werden. Die Geschichte und Politik
sämmtlicher europäischen Staaten muss ihm Stoff liefern, sogar
die Türkei; auch nimmt er, bemerkenswerth genug, auf England,
das für die Publicisten sonst kaum in Betracht kam, mannig-
fache Rücksicht. Seine Schreibweise ist eine heftige, witzige

---

[1]) Frankreich und Schweden musste sehr viel an der anti-
habsburgischen Politik Hessens liegen, den Hauptgrund dafür giebt
H. Grotius schon 1636 in einem Briefe an L. Camerarius an: Si Land-
gravius ex temporaria pactione perpetuam facit, perierit partibus nost-
ris totum, bello obtendimus, Germaniae nomen.

[2]) Juste pleque facit Rex Christianissimus, quod tanquam fidus
Abraham oppressum fratrem (Germanum) vindicatum abit.

[3]) Ut aliquibus ex Fidelibus vestris notum est.

und bilderreiche [1]), sein Latein zu Zeiten geschraubt und unklassisch. Ein sehr zu rügender Fehler ist die Ueberfülle an Beweismaterial, die das Verständniss in hohem Masse erschwert, die den Verfasser weder zu einer klaren Disposition kommen, noch an der einmal gewählten festhalten lässt, ihn vielmehr zu lästigen Wiederholungen verleitet. Hätte er es über sich gewonnen den Stoff zu sichten und zu ordnen, so würde sein „Prodromus" einen noch viel höheren Rang in der Publicistik einnehmen, als wir ihm so wie so einräumen müssen.

Seine Argumentation, die in 17 Punkten besteht, lautet: Ein Friede, der wie der Prager für alle Stände bindend sein soll, musste auch von allen traktirt werden und nicht bloss vom sächsischen Kurfürsten und vom Kaiser; dass jener keine Befugniss hatte, braucht nicht bewiesen zu werden, dieser aber hatte auch keine, da er, wie die Leipziger Conventsakten besagen, verschiedentlich gegen seine beschworene Capitulation gehandelt hatte und demnach als Angeklagter nicht zugleich Richter über die Stände sein konnte — eine Ansicht, die wir nur im „Prodromus" vertreten finden, die übrigen Broschüren gestehen dem Kaiser ohne Weiteres das Recht zu, einen allgemein gültigen Frieden abzuschliessen. Diese beiden haben die Stände zur Annahme des Friedens gezwungen. An die Stelle des Religionsfriedens haben sie ihre Launen gesetzt oder vielmehr nur das Belieben des Kaisers, denn der sächsische Kurfürst wird es über kurz oder lang auch verspüren, welche Tragweite, welche Folgen die unbeschränkte Entscheidung des Kaisers in allen Religionsangelegenheiten mit sich bringt. Lutheraner wie

----

[1]) Er hat für den Prager Frieden folgende Attribute und Vergleiche: Lernaea pax, quintum Evangelium, equus ille Trojanus mille technis fartus, cornua Pragensis Actaeonis; pax, quae vix plus habeat pacis, quam vel Oceanus dulcedinis vel ipse Infernus salutiferae lucis. Er erzählt von einer Delila Saxonica, opimis largitionibus inhians, behauptet: Saxonici Pacificatores everterunt amplissimarum provinciarum florentissimas Evangelicorum Ecclesias pro unica polenta Esavitica, Archiepiscopatu Magdeburgico und schildert den nach dem Friedenschluss geführten Krieg mit den Worten: Laniena Parisiensis anni 1572, si cum innumeris lanienae Pragensis malis comparetur, ... apparebit tanquam musca coram Olympo et silex respectu turris Babylonicae.

Reformirte sind durch den Frieden aus Territorien des Reichs
vertrieben und diese sind jenen, jene wiederum den Katholiken
preisgegeben worden. Der Protest der Evangelischen gegen
die reservatio spiritualis der Katholiken ist aufgehoben und
die Confession eines Landes von dem Willen des Landesherrn
abhängig gemacht worden. Anstatt eine Vereinigung der katholischen und evangelischen Confession zu versuchen, hat der
Friede dieselben zu einem neuen Samaritanismus [1]) vermengt,
Vorwürfe, die der „Prodromus" ebenso auffallend wie ungerechtfertigt ausspricht. Wie sein Verfasser weiter auseinandersetzt, ist zu Prag die Freiheit der Stände, die Freiheit Deutschlands überhaupt zu Grabe getragen worden. Böhmen hat man
erblich gemacht, das pfälzische und andere erlauchte Geschlech-
ter geächtet und denen, die Verzeihung erhalten haben, jedes
Bündniss unter einander verboten; sie haben aber auch kein
gerechtes Urtheil in Zukunft zu erwarten, da an Stelle des
Reichskammergerichts das Hofgericht des Kaisers Recht zu
sprechen hat. Um sie zu schwächen, ist ihnen die Stellung
und Besoldung eines Heeres von 80,000 Mann auferlegt, eine
Massregel, die um so gefährlicher ist, als der Türke ein ent-
kräftetes Deutschland leichter und rascher überwältigen wird.
Dieses Heer soll scheinbar gegen Schweden und Frankreich
kämpfen, um Pommern und Lothringen wieder zu erobern,
aber warum fordert der Friede nicht Mailand, warum nicht
Preussen für das Reich zurück? In Wirklichkeit soll es nur die
Macht des Hauses Oesterreich sichern und deshalb grade
müssen die Lutheraner mit den lutherischen Schweden, die Katholiken mit den katholischen Franzosen kämpfen. Zu einem
solchen Frieden durfte kein evangelischer Fürst sich bekennen,
die Landgräfin von Hessen darf es jetzt um so weniger, da
sie, der einzige Hort der Reformirten, gleich der Königin Elisabeth von England den unterdrückten Ständen Hülfe leisten muss
und da sie stets von den Ausländern Unterstützung erhalten
hat und erhalten wird; einen solchen Frieden durften auch die

---

[1]) „Metuendum est, ut Hala vel Magdeburgo (Primatus Germaniae
sede) nova Agenda Ecclesiastica brevi promulgetur, una ex una libri
facie: Serva Deus verbum tuum et ex altera: Omnes Sancti et Sanctae,
orate pro nobis, alternatim cantandum est."

katholischen, namentlich die geistlichen Fürsten nicht annehmen, sie mögen bedenken, ob sie zur Unterdrückung der Freiheit die Hand bieten können und mögen sich an Wallensteins Drohungen erinnern, sie werden die Zeit kommen sehen, wo die Leopolde, Albas und Farnesen die geistlichen Kurfürstenthümer, die von Leiva, von Vergas und anderer spanischer Adel, der den deutschen nebst seinen Privilegien verachtet, das Domcapitel für sich in Anspruch nehmen werden. Für einen solchen Frieden darf Niemand das Schwert zücken, nicht einmal die Unterthanen des Kaisers und des sächsischen Kurfürsten. Und in diesen Worten des Verfassers und den sich anschliessenden Erklärungen liegt das Hochgefährliche des „Prodromus". Was konnte und musste für eine Verwirrung in den Gemüthern entstehen, wenn mit biblischen Citaten Ungehorsam gegen die angestammte Obrigkeit gepredigt wurde, wenn der ihr geleistete Gehorsam eine Sünde wider den heiligen Geist sein sollte!

Gegen diejenigen, welche den Frieden geschaffen hatten, richtet sich des Verfassers voller Zorn: Johann Georg hat die Freiheit Deutschlands und die evangelische Kirche dem Hause Oesterreich preisgegeben, er hat sich einen unerhörten Meineid und Bundesbruch den Ständen [1]) gegenüber zu Schulden kommen lassen, die er vor Jahren zu einem bewaffneten Bündniss gegen den Kaiser aufforderte; Ferdinand II., der Eiserne, entsprossen einem treulosen, blutdürstigen, herrschsüchtigen Geschlecht, hat Staat und Kirche beraubt und hat aus dem römischen Kaiserthum eine Tyrannis gemacht, denn früher war der Kaiser „feudatarius" des Reichs und wurde seine Würde nicht höher geachtet als das Consulat zu Rom, nicht bei ihm, sondern beim Kurcolleg ruhte die höchste Gewalt, so dass das Reich eigentlich den Titel einer Republik tragen musste. Und was Ferdinand II. verabsäumt hat, hat Ferdinand III., der ebenso furchtbar ist wie sein Vater, nachgeholt, so dass jetzt das Haus Habsburg die Kaiserwürde für sein erbliches Eigenthum bezeichnen kann. Die Kurfürsten aber, sammt und son-

---

[1]) Der Bruch des Kurfürsten mit Schweden wird vom Autor unberücksichtigt gelassen.

ders bestochen, haben diese Umwälzung geduldet und werden
deshalb, da sie, wie der „Prodromus" sehr intressant auseiu-
andersetzt, nur von den Fürsten und Ständen ihre Würde erhalten haben, auch wieder von diesen degradirt werden. Nicht
zufrieden mit dem erblichen Besitz Deutschlands, streckt das
habgierige Oesterreich-Spanien seine Hand nach allen europäischen Staaten aus, nach Frankreich, England, Schweden, Dänemark, ja auch nach Venetien und Russland, und wenn nicht
offene Gewalt zum Ziele führt, so versucht es seine Intriguanten-
künste.

Daher mahnt der Verfasser alle die Fürsten, denen er
seinen „Prodromus" gewidmet hat, fest verbündet zu einander
zu stehen, den Prager Frieden zu vernichten, die unterdrückten Deutschen zu befreien und nicht eher zu ruhen, bis die
Oesterreicher die Flucht Karl V. nach Innsbruck wiederholen,
und er, der eben erst die Selbständigkeit ganz Europas von
dem Hause Habsburg bedroht wähnte, erklärt gleich dem Hippolithus den Sturz dieses Hauses für nahe bevorstehend.

Zweifelsohne hat sein Werk Wirkung gehabt, wie hätte es
sonst in ein und demselben Jahr zwei Auflagen erleben können!

Von den ausländischen Staaten betheiligten sich, abgesehen
von Spanien, was für den Prager Frieden eintrat, nur Schweden und Frankreich an der publicistischen Fehde gegen denselben, nicht England, und auffallend genug auch nicht die
Niederlande [1], trotzdem ihre Unterjochung doch in jenem früher
erwähnten Schreiben des Kaisers in Aussicht gestellt wurde.
Was diese beiden Staaten veranlasste, nicht nur mit der Feder,
sondern auch mit dem Schwert gegen den Frieden zu kämpfen
und nicht eher zu rasten, bis sie ihn vernichtet hatten, war
vor allem der Umstand, dass er ohne ihre Hinzuziehung geschlossen war. Ihnen konnte überhaupt nur ein Friede genehm
sein, bei dessen Verhandlungen sie das entscheidende Wort
gesprochen hatten, und deshalb betonten die schwedischen
„Vindiciae secundum libertatem Germaniae" immer und immer

---

[1] Die antikaiserlichen Publicisten, unter andern die Verfasser
der „Pirn. u. Prag. Friedenspacten" und der „Deploratio" weisen
die Niederländer auf die auch für sie traurigen Folgen des Friedens hin.

wieder, dass ein annehmbarer Friede nur mit Einwilligung der
fremden Potentaten zu erlangen wäre, und deshalb fand es die
französische „Deploratio pacis Pragensis" so sehr absurd
(perabsurdum), dass die ausländischen Staaten von den Prager
Friedensconferenzen ausgeschlossen gewesen wären. Sie konnten auch nur einen Frieden willkommen heissen, der wie der
Westfälische das Haus Oesterreich schwächte und das deutsche
Reich unter ihren Einfluss brachte. Der Prager Friede vollzog
grade das Gegentheil, ja er stellte dem Kaiser ein Heer von
einer Grösse, die damals unerhört war, zur Verfügung, und
man muss gestehen, Frankreich und Schweden würden gegen
ihre heiligsten Intressen gesündigt haben, wenn sie zu dem
Frieden nicht eine feindselige Haltung eingenommen hätten.
Schweden speciell musste in ihm noch eine Entschädigung für
seine vielfachen Kriegsleistungen vermissen. Wenn es sich in
Verhandlungen einliess, die eine Annahme des Friedens herbeizuführen schienen, so war der Druck der Thatsachen schuld,
denn Schweden stand nach dem Abschluss des Friedens völlig
isolirt, fast machtlos da. Diese Verhandlungen wurden schwe-
discherseits anfangs von Baner, dann von Oxenstiern, sächsischerseits vom Kurfürsten und vom Herzog von Meklenburg
geführt. Ihre Akten, officielle Anklage - beziehungsweise Ver-
theidigungsschriften des Prager Friedens wurden später publicirt
und von den Publicisten häufig benutzt, wesswegen wir ihren
Inhalt kurz darlegen müssen.

Die Vertreter Schwedens erklärten, dass der Prager Friede
nur „in apparenz ein Friede, in effectu aber ein servitut" sei,
den Schweden nicht mit Ehre und Sicherheit annehmen könne,
schon weil Kurpfalz und die vornehmsten Stände der vier
obern Kreise von der Amnestie ausgeschlossen seien. Auch
vergass Oxenstiern nicht — und nach seinem Vorgang alle
antisächsischen Broschürenschreiber — die Verdienste Gustav
Adolphs um die evangelische Sache, den Heldentod für die Rettung des Kurfürsten in das rechte Licht zu stellen, um die
geforderte Restitution der occupirten Lande, eine Forderung,
in der er auch eine Kriegserklärung sah, als einen Akt der
Undankbarkeit gegen Schweden zu kennzeichnen. Der Kurfürst
dagegen erklärte, dass der Zustand der evangelischen Partei

nach der Nördlinger Niederlage unbedingt Frieden erheischte, aus dem Grunde habe er den Prager Frieden mit dem Kaiser geschlossen, und nicht etwa aus der Absicht, der Krone Schweden zu nahe zutreten, vielmehr sei dieselbe sammt ihrem Heere in die Amnestie aufgenommen, die Zurückgabe der von ihr besetzten Territorien freilich sei durch die Reichsconstitution geboten. Im December 1635 zerschlugen sich die Unterhandlungen. Beim Beginn derselben stand der Kurfürst nicht im erklärten Krieg mit seinen früheren Kampfesgenossen, erst am 6. Oktober erliess er auf Drängen des kaiserlichen Geheimraths Kurz [1]) seine sogenannte Blutsordre, worin er den Schweden allen möglichen Abbruch, wie es der Kriegsbrauch mit sich brächte, zu thun befahl. Dieser Befehl ist von der seudophilen Publicistik zu einem Muster von Undankbarkeit gestempelt worden [2]). So begann der Krieg zwischen Kursachsen und Schweden. Trotzdem aber fühlte sich die Stockholmer Regierung noch am 2. December zu einem Schreiben veranlasst, das sich über des Kurfürsten feindseliges Benehmen, über seine Versuche schwedische Offiziere ihrer Fahnenpflicht abspenstig zu machen verwundert aussprach und das ihm den Titel „foederatus" gab. Johann Georg auf die Consequenzen dieses Titels von dem kaiserlichen General Marazin aufmerksam gemacht [3]), sandte zwei lateinische Resolutionen an die Königin Christine. Die erste wies die Bezeichnung „foederatus" zurück, weil der Torgauer Vertrag mit dem Tode Gustav Adolphs erloschen wäre, weil vom kursächsischen Hause niemals Bündnisse, die auf die Erben übergingen, geschlossen würden und die kursächsischen Truppen nach der Schlacht von Lützen sich nicht mit den schwedischen vereinigt hätten, endlich, weil Oxenstiern December 1632 zu Dresden auch nicht die geringste Andeutung gemacht hätte „quasi post secutam Regis mortem vinculo isto foederatitio adhuc teneremur, quin potius ipsemet confessus est, obligationem istam socialem morte Regis Serenissimi jam totam exspirasse." Die zweite enthielt ausser dem Hinweis, dass von einer Geheimhaltung der Friedensverhandlung nicht die Rede sein könnte, da der Kanzler selbst bei Gelegenheit des Frankfurter Convents die sächsischen Delegirten um baldigen Abschluss des Friedens gebeten hätte, das Anerbieten einer Satisfaktion von 25 Tonnen Gold für Schweden. Ausserdem beschuldigte der Kurfürst in einem deutsch abgefassten Schreiben an die Königin-Wittwe Oxenstiern und Baner den Frieden Deutschlands muthwillig gestört zu haben, eine Beschuldigung, die er auch in einem Schreiben an die schwedischen Reichsstände erhob.

Vor Austausch aller dieser Schreiben war die schwedische Regierung [1]) Ende 1635 mit einer Publication der Verhandlungsakten hervorgetreten:

Nachricht und Information: | Wegen der im Namen | der Königl. | Maj. und Hochlöblichen Kron | Schweden, zwischen deroselben Stath Kanzlern, gevollmächtigten Legaten in Teutschland, und bei den Ar- | meen, auch des Evangelischen Bundes daselbst Directorn, | Herrn Axel Oxenstirn, Freiherrn zu Chymitho, Herrn zu Viholmen und Tydoen, etc. Rittern etc. Wie auch höchst | ernannt Ihr Königl. Majest. und Kron Schweden, und dero | sämmtlichen Evangelischen Bundesverwandten, respective | Reichsrath, und Feldmarschall, Herrn Johann Bannern auf Mühlhammer und Werder, Rittern, | An einem; | Und dann dem durchlauchtigsten | Herrn Johann Georgen, Herzogen zu Sachsen, Gülich, Cleve und Berg etc. Am andern theil | Eine zeithero verübten Acten und | Tractaten. | Gedruckt im Jahre Christi 1635. |
30 Bl. IV.

Ein Abdruck aus dem Jahre 1636 sind die:

Gewechselte Schreiben | Acten und Tractaten | Zwischen der Königlichen Würde | Und hochlöblichen Cron Schweden | An einem | und dann | Churf. Durchl. zu Sachsen | Ander Theils, | Vor und seithero des am 20 Mai Anno

---

[1]) Chem. II, 895.

1635 zu Prag | geschlossenen Frieden. | Gedruckt im
1636 Jahre. |
30 Bl. IV.

Die Veranlassung zu dieser Publication gab das in Deutschland verbreitete Gerücht, Oxenstiern habe günstige Bedingungen des Kurfürsten verworfen und wurde desswegen in einer
Vorrede jedem anheim gestellt aus den Akten zu urtheilen,
„ob die bisherigen Traktaten von der Kron Schweden nach
ihren hohen Meriten ehrenvoll angenommen werden könnten."
Gleich Eingangs befanden sich die Bündnissobligationen Gustav
Adolphs und Johann Georgs, und traten die Worte der letztern. „der Kurfürst würde ohne des andern Consens keinen
Frieden schliessen" nicht unabsichtlich durch grossen Druck
hervor. Es folgten Schreiben der Stände und des Kanzlers
aus Worms an den Kurfürsten, und die verschiedenen Briefe,
die zwischen diesem, Baner und Oxenstiern ausgewechselt
waren.

Der Kurfürst that einen Gegenzug und veröffentlichte im
Jahr 1636:

Abdrücke | Der Königl. Würd zu | Schweden, | An |
Churfl. Durchl. zu Sachsen, | unterm dato Stockholm den
2 Decemb. An | no 1635 abgegangenen, und S. Churf.
Durchl. | zu Hall im Februario dieses 1636 Jahres | in-
sinuirten Schreibens. | Zusampt Ihrer Churfürstl. Durchl.
dar | auff erfolgter zweyer Resolutionen, die Erste, in
der | Hauptsach: die Ander, wegen des praedicats (Foede-
ratus) | alles in Lateinischer Sprach: | Item Ihr Churfl.
Durchl. Schreibens | an die hinterlassene Königliche
Schwedische | Fraw Witbe, etc |. Beneben etlichen Bey-
lagen. | Auff gnädigste Verordnung und Zulassung männ-
nigli- | chen zur Nachrichtung in Druck verfer | tiget.
Anno 1636. |
45 Bl. IV. Zweiter Druck 46 Bl. IV.

Die sächsischen Ausgaben enthielten: den Brief der schwedischen Regierung, die beiden Resolutionen des Kurfürsten,
dessen Brief an die Königin Wittwe sammt der Instruction und
dem Friedensentwurf, wie er ihn seinen Gesandten und dem
Herzog von Meklenburg für die Unterhandlungen gegeben

hatte. Der Brief an die Stände Oxenstierns und Baners halber fehlte in dem zweiten Druck. Derselbe erschien auch selbständig gedruckt unter dem Titel:

Copia | Churfürstl. Durchl. | zu Sachsen etc. | Schreibens | An die | Stände der löbl. Kron Schweden | ergangen. | Aussm Hauptquartier zu Saltza bey Magde | burgk, am Donnerstage nach Cantate, | Anno 1636. | 4 Bl. IV.

Die Publication der Aktenstücke bildete von Seiten Schwedens das einzige publicistische Dokument gegen den Prager Frieden, so lange die Situation seiner Heeresmacht in Deutschland eine kritische war. Der am 4. Oktober 1636 bei Wittstock errungene Sieg unterwarf ihm ganz Norddeutschland. Unter dem Eindruck dieses Sieges konnte am nachhaltigsten die deutsche Nation auf die schwachen Seiten des Friedens aufmerksam gemacht werden, und deshalb wurden die „Vindiciae secundum libertatem Germaniae", welche schon im Jahr 1635 die „Vindiciae Pac. Prag." „auf die Probe der Wahrheit" gesetzt hatten, damals aber nicht veröffentlicht worden waren, weil der schwedischen Publicistik die feste Grundlage des Waffenübergewichts fehlte, „wiederum hervorgesucht, revidirt und ihnen das Licht nicht länger missgönnt."

Ausser ihnen ist noch eine andere Broschüre zu erwähnen, die ebenfalls den Prager Frieden im Interesse Schwedens angriff. Der schwedische Gesandte am Pariser Hofe, Hugo Grotius, vollendete Anfang 1637 eine Schrift, deren er in dem Brief an seinen Bruder Wilhelm (Paris, 30. Jan. 1637) gedenkt, wenn er schreibt: Scriptum de Pragensi pace meum non esse facile vos, quibus nasus est, judicabitis. Placet interim et mihi multis partibus. Es ist wohl glaublich, dass in ihr, die leider völlig untergegangen zu sein scheint, die Verhältnisse der niederländischen Republik, seiner alten Heimath, auch eine Rolle gespielt haben.

Der vollständige Titel der „Vindiciae secundum libertatem Germaniae" lautet:

Vindiciae | Secundum | Libertatem Germaniae | Contra | Pacificationem Pragensem. | Dass ist | Rettung, | der alten

Teutschen Freyheit, | gegen dem schadtli | chen und
schändtlichen Pragerischen Friedens | Unfrieden, | den Vin-
diciis Pacificationis Pragensis, so ein | getreuer Chur-
Sächsischer Patriot in Druck | aussgesprenget. Entgegen-
gesetzet | durch | Einen get.:euen Teutschen Patrioten. |
Anfänglich zwar verfertiget | im aussgang des Jahres. |
ALs Vnser Herr ChVrfVrst zV SaChsen aVss Me | CkLen-
bVrg gegen HaVoLberCh fLohe. | Jetzt aber in Druck
gegeben | Im Jahr | Da ChVrfVrstLlChe DVrChLeVChtIg-
keIt bey | WItstoCk Stösse kriegte.[1]
15 Bl. (Titel und Vorrede) und 130 S. IV.

Diese Auflage erkennt man als die originale, da in ihr die
Vorrede (das zuletzt verfasste Stück der Broschüre) nicht pa-
ginirt ist, was erst in den zwei andern — 172 S., 182 S. und
je ein Titelblatt IV — geschah. Diese geben auch in der
drittletzten Zeile des Titels, der sonst unverändert ist, den
Verlagsort „Stralsund" an; sie haben einen liederlichen, durch
den Gebrauch der verschiedenartigsten Lettern unlesbaren Druck,
das Original dagegen einen sehr deutlichen und saubern. Wir
citiren nach der Edition von 182 S.

Die „Vindiciae secundum libertatem Germaniae" beschrän-
ken sich nicht auf eine Widerlegung der „Vind. Pac. Prag.",
sondern sie greifen auch die Bestimmungen des Friedens, sowie
die Resolutionen des Kurfürsten an, die dieser des Titels
„foederatus" und der Satisfaktion wegen erlassen hatte. Sie
zerfallen in drei Theile: 1) S. 1—38 beschäftigt sich die Vorrede des längern mit den ebengenannten beiden Schriftstücken
und widerlegt kurz das „Schreiben Herrn D. Johann Gerharts",
2) Von S. 39—70 wird dargethan, dass der Kurfürst ohne
Recht und Befugniss den Prager Frieden geschlossen habe und
3) Von S. 71—182 werden die Schäden desselben beleuchtet.
Ihre Ansichten[2] sind folgende: Gustav Adolph führte

---

[1] Das letzte Chronostichon ergiebt nicht die durch seinen Sinn
bedingte Jahreszahl 1636, sondern 1635, ein Fehler, der sich durch
alle Drucke hindurchzieht, dem aber durch die Correctur des „bey"
in „beI" abgeholfen werden kann.
[2] Der Inhalt der Vorrede ist soviel wie möglich mit dem der
beiden Haupttheile verquickt.

gegen Kaiser und Liga für seinen Staat einen direkten und
als Assistent der Evangelischen, vor allem des sächsischen
Kurfürsten einen indirekten Krieg. Durch den Torgauer Ver-
trag aber wurde Johann Georg nicht bloss Bundesgenosse
Gustav Adolphs, sondern auch der Kron Schweden. Denn der
König verpflichtete sich in dem Bundesinstrument „für sein
Königreich", der Kurfürst „für sein Kurfürstenthum", der Tor-
gauer Vertrag also bezweckt das Wohl der Länder; Verträge
aber, die einen solchen Zweck verfolgen, sind nach Hugo
Grotius (De jure belli et pacis) nicht personale, sondern reale.
Auch trennten sich nach Gustav Adolphs Tode die kursäch-
sischen Truppen nicht von den schwedischen, vielmehr be-
kämpften sie mit diesen im Bunde die Kaiserlichen sowohl in
Schlesien wie in Böhmen. Demnach durfte der Kurfürst, ein
Bundesgenosse der Kron Schweden, ohne deren Zustimmung
keinen Frieden schliessen. Auch hat sie ihm weder durch
Kriegslust, noch durch ehrgeizige Absichten, wie die „Vind. pac.
Prag." behaupten, ein Recht zum Bundesbruch gegeben: Gustav
Adolph hat nach dem allgemeinen Urtheil nur Gottes Ehre
und die evangelische Kirche vertheidigt, nie nach Land und
Leuten, nie nach der deutschen Kaiserkrone [1] gestrebt, sondern
„hat sich stets zur Wiederbringung des Friedens, nach den
eignen Worten des Kurfürsten, eifrig geneigt gefunden." Wenn
der König aber sich in einzelnen Territorien des Reichs hat
huldigen lassen, so hat er nur das Recht des Siegers benutzt.
Ebenso hat die jetzige schwedische Regierung und vor allem
der Kanzler Oxenstiern nur eine Beruhigung des Römischen

[1] Die Broschüre erzählt zwei Episoden aus dem Leben des
Königs. Die erste besagt, „dass, da Ihr. Koenigl. Majestät vor Nürnberg campiret, und ein hochweiser Rath daselbst Ihr die Kaiserliche
Ornament und Kleinoder, so auf der Burg in Verwahrung liegen;
vorzuzeigen sich anpräsentirt, haben solches Ihre Maj. sich zwar anfänglich belieben lassen, aber bald darauf eines andern besonnen,
damit sie nicht angesehen würden, als wenn sie des Kaiserthums
begierig wären." Die zweite erklärt, dass der Kurfürst Joh. Georg
nach der Schlacht von Breitenfeld zu Halle dem König die Kaiserkrone ohne Erfolg angeboten habe. Die „Relatio vom 27. Sept. aus
Braunschweig" (1631) lässt den Kurfürsten dieses Anerbieten dem
schwedischen Gesandten Salvius gegenüber zu Wittenberg machen.

Reichs beabsichtigt und ist zu Friedensverhandlungen stets
bereit gewesen, wie auch die Heilbronner Conventsgenossen.
Letztern kann aus der Uebergabe Philippsburgs an Frankreich
kein Vorwurf gemacht werden, da der Oberkommandant der
Festung ein Deutscher und die Garnison zum Theil aus Deutschen besteht. Nicht sie, noch der Kanzler, wie die sächsische
Broschüre meint, sondern der Kurfürst selbst hat die dänische
Intervention von der Hand gewiesen. Wie Johann Georg aber
kein Recht, so hat er auch keine Befugniss zu dem Friedensschluss gehabt. Ein Kurfürst darf niemals für andere Reichsstände, auch nicht für den geringsten, Bestimmungen treffen,
und sucht er sich mit der jetzt in Deutschland herrschenden
Kriegsunruhe zu entschuldigen, so hat er zu bedenken, dass
1630 die Kurfürsten vom Kaiser unter allen Umständen
strengste Befolgung der Reichsconstitutionen gefordert haben.
Noch viel weniger aber kann er dem souverainen Königreich
Schweden Befehle ertheilen. Wenn es nach Recht und Billig-
keit zugegangen wäre, hätten alle Intressenten zu den Friedensconferenzen hinzugezogen werden müssen. Da dies aber
nicht geschehen, vielmehr der Zweck der Friedenshandlung
verheimlicht worden ist, — denn der Kurfürst von Brandenburg hat ihn erst erfahren, als er nichts mehr an den Bestimmungen ändern durfte — ist der Prager Friede weder für
Schweden noch für Deutschland bindend.

Die „Vindiciae secundum libertatem Germaniae" finden nun,
dass der Friede erstens sei „wider Gott, dessen Wort und ein
christliches Gewissen." Bei dieser Gelegenheit rügen sie auf
mehreren Seiten die Muthlosigkeit des „kursächsischen Patrioten";
hatte dieser einen Widerstand gegen das Haus Oesterreich für
unmöglich erklärt, so rufen sie siegesmuthig: „Ist Gott für uns,
wer mag wider uns sein, weder Oesterreich noch Spanien, weder
Teufel noch Teufelsmutter!" und rühmen im Gegensatz zu ihm
die Stärke der evangelischen Partei selbst nach der Nördlinger
Niederlage, indem sie allein für die beiden sächsischen Kreise
60,000 zu Gebote stehende Soldaten zusammenrechnen. Der
Prager Friede aber, führen sie weiter aus, schmälere die Rechte
der evangelischen Kirche, viele Millionen ihrer Mitglieder in
den österreichischen Ländern seufzten unter der Verfolgung,

kein evangelischer Fürst mit Ausnahme Johann Georgs behalte werthvolle geistliche Güter, keinem werde auch nur ein einziges später zurückerstattet werden, weil die innerhalb 10 Jahren versprochene Vergleichung doch nicht zur Ausführung käme. — Zweitens ist der Friede wider „die Treue, Dankbarkeit und Gerechtigkeit." Durch diese Tugenden sind die 3 Unterabtheilungen bezeichnet. In der ersten wird in Form der Präteritiou auf den Bruch des Kurfürsten mit Schweden hingewiesen, dafür das treulose Verfahren gegen die Schlesier an der Hand ihrer Publicationen in gebührender Ausführlichkeit gekennzeichnet. Dagegen ist die zweite von Anfang bis zum Ende angefüllt mit der Schilderung „all der ansehnlichen, nützlichen Officien, Liebe und Treue", die Gustav Adolph im Leben sowohl wie im Sterben dem Kurfürsten erwiesen habe, wofür aber seiner Tochter nur „Undank in fine laborum" zutheil geworden sei. Anstatt ehrlicher Traktaten, wie sie die Ehre der Kron Schweden erfordere, habe man nur schmähliche und verächtliche Befehle für sie; anstatt ihr gebührende Sicherheit zu geben, fordere man die Räumung der Stifter jenseits und diesseits der Elbe und muthe ihr zu einen Frieden anzunehmen, den noch nicht einmal der König von Spanien, das vornehmste Mitglied des Hauses Oesterreich, ratificirt habe, in dem Schwedens Bekriegung seitens des Kaisers und des sächsischen Kurfürsten stipulirt sei. Die dritte hebt hervor, dass Schweden für alle der evangelischen Sache geleisteten Dienste keine Satisfaktion bekommen habe, während des Kurfürsten Territorium ganz unverdientermassen vergrössert sei; dieser habe zwar Schweden eine Entschädigung von 25 Tonnen Gold angeboten, aber davon abgesehen, dass diese Summe nicht einmal die Kriegskosten decke, hiesse es hier: „Manus nostrac oculatae sunt, credunt, quod vident" und sei das Anerbieten nur eine spanische Rotomantade. Wenn man ernstlich Schweden Berücksichtigung hätte schenken wollen, würde man ihm nicht durch Intriguen Offiziere und Soldaten abspenstig zu machen gesucht haben. — Drittens ist der Prager Friede „ein Rohr, das vom Winde hin und her bewegt wird, ja der Rohrstab Egypti, welcher die Kinder Israel, wenn sie sich darauf lehnten, in die Lenden stach." Seine Werthlosigkeit erkennen die

„Vindiciae secundum libertatem Germaniae" daraus. dass er
sich auf den Religionsfrieden berufe. dem doch die Katholiken
jede beliebige Deutung unterlegten, wie das Buch der Dillinger
Jesuiten: De compositione pacis zur Genüge beweise; dass er
an Stelle einer universalen eine „ratione temporis, ratione personarum, ratione bonorum" beschränkte Amnestie dekretire,
„ratione personarum" — denn nur dies wollen wir heraus-
greifen — sei die Kron Schweden sammt ihrer Armee nicht
mit in die Amnestie aufgenommen, indess bedürfe sie auch
nicht der Kaiserlichen Gnade, da ihr „Land durch Gottes mäch-
tige Disposition in seinen natürlichen Festungen, Bergen, Klip-
pen und Schären dem ganzen Hause Oesterreich Trotz bieten
könne", dagegen seien schmählicher Weise viele Stände und
Glieder des Reichs von Land und Leuten, Hab' und Gut ver-
jagt worden, „und das heisst, nach dem Friedensschluss, das
alte gute deutsche Vertrauen wiederum heben und treulich
fortpflanzen"; und endlich daraus, dass er keine Realassecuration
gewähre. Wenn es auf eine Beruhigung und nicht auf einen
Betrug der evangelischen Stände abgesehen wäre — und letz-
teres würde wohl das Richtige sein, da sie jedes Vertheidigungs-
mittels beraubt wären, — hätte eine solche bewilligt werden
müssen. — Der vierte und letzte Theil klagt den Prager Frieden an durch Vermehrung der kaiserlichen Gewalt die Freiheit
des deutschen Reichs untergraben und die österreichische Uni-
versalmonarchie begründet zu haben.

Die Quintessenz der Broschüre lässt sich in den Satz zusammendrängen: Ein Friede, der wie der Prager ohne Schwedens Willen und Zustimmung geschlossen ist, hat keinen Werth
und wird Deutschland nicht die ersehnte Ruhe wiedergeben.

Wegen ihrer Vielseitigkeit ist sie die intressanteste von allen
zeitverwandten fliegenden Schriften; an der einen Stelle setzt
sie uns in Erstaunen durch ihre Geschichts- und Quellenkunde,
an der andern macht sie den Eindruck einer juristischen Abhandlung, hier versucht sie sich in einer mit biblischen Citaten
geschmückten Predigt, dort versetzt sie uns mitten hinein in
das Kriegs- und Lagerleben. Mit einer wunderbaren publicistischen Gewandtheit weiss sie ihre Gründe und Gegengründe zu
wählen, wobei es ihr natürlich nicht auf Sophistereien und Un-

wahrheiten ankommt; gelingt es ihr selbst dann nicht den
Gegner zu widerlegen, so macht sie ihn durch eine witzige
Bemerkung lächerlich oder spielt geschickt die Erzählung auf
andere Fragen über. Formal ist sie ein Muster für die damals herrschende Sprachmengerei. Witze, Antithesen, Anspie-
lungen, Sprüchwörter und Bilder oft freilich nicht der anstän-
digsten Art färben die Diktion.[1]) Der rhetorische Schwung,
die häufige Anwendung der zweiten Person und ein Pathos,
das mit seiner Komik[2]) jeden Leser zum Lachen zwingt, geben
dem Ganzen eine grosse Lebendigkeit. Das sind die Vorzüge,
durch die sich die Broschüre hoch über die „Vind. pac. Prag."

---

[1]) „Diese Epitheta stehen dem Prager Frieden so wohl an, wie
einer Sau der Chorrock." „Er kann sein giftiges Herz so wenig
bergen wie der Teufel im Evangelienbuch seine Klauen unter der
Kapuzinerkutte", „Er ist so geschäftigt im Argumentiren, wie eine
Maus im Kindelbett", „Als des Pfalzgrafen Glück auf dem A ... anfing
zu reiten", „Gerhard macht lauter kahlen Jenischen Klatsch", „Viel
Geschrei und wenig Wolle, sagte jener und schor eine Sau", „Maus
und Mutter und der Henker mit seinem Knecht ist in eodem Prae-
dicamento." „Ihr Neutralisten und schlechten Christen", „Juristen
und Jurgisten." „So regierte auch Herr Doktor Timemus (Anspielung
auf Timaeus, den Rath des sächsischen Kurfürsten) den 6. September
heftiger bei ihm (Joh. Georg bei Breitenfeld) im Felde, denn jetzt
auf der Kanzlei. Wie hernach die fröhliche Zeitung von erhaltner
Schlacht zu Eilenburg ankam, da fuhr er hinter dem Tisch herfür,
wie ein Hase aus der Stauden, auf gut Pumpsäckisch sagend: Potz
Element, welch ein Kerls ist der Koenig."
[2]) Der Anfang des zweiten Haupttheils lautet: Pandite nunc
Helicona Deae, cantusque movete! Ihr Academischen Spitz- und
Witzmäuse oder Musae und du alter Musenvater Apollo, die Ihr eine
Zeit lang von dem unbarmherzigen Mars in eure Loecher und zum
Theil wohl daraus getrieben seid, sperret nunmehr Thür und Thor
eurer Auditorien und Collegien auf, ja sperret Mäuler und Nasen
auf, singet und schreiet dem Kurfürsten zu Ehren ein Tedeum, dass
es durch die Lüfte, ja wenns möglich bis in die zehnte Sphäre und
primum mobile erklinge, Dieser ist es, der da kommen soll, Teutsch-
land wieder in Ruhe zu bringen. Was dürfen wir eines andern war-
ten? dieses ist der deutsche Hercules (wie Beissart der Mäuse beim
Froschmäusler), welcher die immerdar wieder zuwachsende Kriegs-
hyder umgebracht und das wüthende wilde Erymanthische Schwein,
so den christlichen Weinberg umgewühlet, als ein anderer wohlab-
gerichteter Nimrod und gewaltiger Jäger gefället."

erhoben, durch die sie sich einen Platz nächst den „Pirnischen
und Pragischen Friedenspakten" gesichert hat. Aber wir
müssen ihr auch den traurigen Ruhm lassen, an Heftigkeit und
Leidenschaftlichkeit alle gleichzeitigen Flugschriften übertroffen
zu haben, und das hat sie vor allem dadurch erreicht, dass
sie die Diskussion auf das Gebiet des Persönlichen überträgt
und für die „Vind. pac. Prag." den „kursächsischen Patrioten",
für den Prager Frieden den Kurfürsten Johann Georg angreift.
Diesen verhöhnt und verspottet sie[1]), an ihm persiflirt und
karrikirt sie Lebensweise, Charakter, Würde und Politik und
zwar oft in einer Sprache, die mit ihrer Rücksichtslosigkeit
und Gemeinheit als ein prägnantes Zeichen jener politisch wie
religiös so hoch aufgeregten Zeit gelten kann. Die sächsischen
Räthe, das Heer und sein Führer Arnim, — „der heimtückische Alcibiades und Vater des Wallensteinschen Tradi-
ments" — sind der Gegenstand des Spotts und der Ver-
achtung, wie auch alle diejenigen, die den Intentionen der
schwedischen Politik nicht entsprochen haben, so die sämmtlichen Kurfürsten, die gleich Eingangs mit hinterpommerschen
Bauern verglichen werden, so speciell noch der von Brandenburg, zu dessen Schande sie erzählt, dass der Graf von Schwar-
zenberg — „der cognomine et re schwarze Sejanus" — von
den kaiserlichen Gesandten in einer öffentlichen Audienz
„Direktor des Kurfürsten" titulirt worden sei. Es versteht sich
von selbst, dass dieser Reichthum an Beleidigungen und Schand-
stellen, die zumeist sogar durch grossen Druck ins Auge fallen,
eine schlechte Beigabe der „Vindiciae secundum libertatem
Germaniae" ist; dass sie aber darum, wie eine Angabe[2]) aus
dem Jahre 1649 lautet, „nicht gross geachtet worden wären
und sich bald verloren hätten", muss aus zwei Gründen be-
stritten werden. Erstens spricht die dreimalige Auflage einer
noch dazu umfangreichen Broschüre für die Beliebtheit derselben, und zweitens wäre wohl niemals der im Original ver-

---

[1]) Vergleiche die vorigen Anmerkungen.
[2]) Struve, Histor. Archiv II., S. 337. Schreiben des an der
schwedischen Kanzlei zu Stettin angestellten Sekretairs R. Horst,
datirt 19. März 1649. Horst titulirt irrthümlich die Broschüre „Vindiciae
pacis Pragensis."

schwiegene Verlagsort in den späteren Auflagen verzeichnet
worden, wenn die öffentliche Meinung ihr die Anerkennung
versagt hätte.

Die Frage nach ihrem Verfasser haben wir uns bis zuletzt aufgespart, weil die Beantwortung uns längere Zeit in
Anspruch nehmen wird. Eine Vergleichung zwischen der Broschüre und dem schwedischen Historiographen Chemnitz ergab:

A.
Gleichheit in Ansichten.

Chemnitz (II, 294), Vindicien (67) sind von dem Unwerth
des Leipziger Bundes überzeugt und erklären es für unstatthaft, dass der sächsische Kurfürst sich auf ihn berufe. Auch
ersterer (I, 202) bezeichnet das Torgauer Bündniss als eine
Realconjunction und vermag den Spott über die Flucht des Kurfürsten aus der Breitenfelder Schlacht (I, 212) nicht ganz zu unterdrücken, dem freilich die Vind. (67 u. 92) nicht den gelin-
desten Zügel anlegen. In beiden Schriften (Chem. II, 534,
Vind. 76) wird die durch die Nördlinger Niederlage veranlasste Zaghaftigkeit getadelt und deren Grundlosigkeit durch
Aufzählung aller der evangelischen Partei zugehörigen Armeen
dargethan; beide (Chem. II, 716, Vind. 165) wollen von dem
Pirnaer Vertrag nichts wissen, obwohl sie ihn für besser als
den Prager Frieden halten, und diesen hat der Kaiser nach
beider Ansicht (Chem. II, 597, Vind. 102) nur dadurch zu
Stande gebracht, dass er den Kurfürsten durch Befriedigung
der Privatintressen von den Evangelischen trennte. Beide
(Chem. II, 796, Vind. 70) schreiben es vor allem dem Einfluss Schwarzenbergs zu, dass der Kurfürst von Brandenburg
der sächsischen Politik folgte. Der Tadel der Vind. über die
Stellung des Friedens zu Schweden findet sich auch im Chem.
(II, 696) wieder, hier (II, 774) wie dort (21) wird grade deshalb
eine Berücksichtigung Schwedens gefordert, weil es nicht bloss als
Bundesgenosse der Evangelischen, sondern auch aus eignen Staats-
intressen einen directen Krieg gegen Kaiser und Liga führte,
und schliesslich wird hier (II, 614) wie dort (72) dem Prager
Friedensschluss der Beginn eines neuen Krieges Schuld gegeben.

B.

Gleichheit in der Ausdrucksweise.

Beide Schriften stimmen abgesehen von ihrer Vorliebe für Fremdwörter [1]) in dem Gebrauch von sprüchwörtlichen und tropischen Wendungen [2]) überein. Deren sind eine ganze Anzahl zu erwähnen, die sich einerseits auf den Raum der Vindicien zusammendrängen, andererseits über alle Theile des Geschichtswerkes ausbreiten, und die zumeist in andern litterarischen Denkmälern jener Zeit nicht nachzuweisen sind:

Die Ochsen stehen am Berge (Vind. 10, Chem. II, 217), auf die lange Bank spielen (Vind. 120, Chem. I, 322), mit falschen Farben anstreichen (Vind. 68, Chem. I, 360), die Glocke in die Form giessen (Vind. 70, Chem. II, 673), die Erde küssen oder käuen (Vind. 179, Chem. I, 360), das Maul zu weit aufthun (Vind. 67, Chem. IV. 1 B. 88), ins schwarze Register kommen (Vind. 128, Chem. I, 234), den Stein allein nicht heben können (Vind. 62, Chem. II, 777), das Fündlein gebrauchen (Vind. 117, Chem. I, 6), den Fuchs nicht beissen wollen (Vind. 160, Chem. II, 1009), scapham scapham nennen (Vind. 37. Chem. I, Vorrede), die Pfeifen einziehen (Vind. 72, Chem. IV, 6 B. 154), der Athem stinkt jemandem nach etwas (Vind. 170, Chem. IV, 1 B. 18).

Auch erstreckt sich die Gleichheit des Wortlauts auf ganze Sätze:

Chem. I, 477. Wann etwa jemand Discurse von der Römischen Kron und dergleichen auf die Bahn gebracht.

Vind. 47. Wann man dergleichen materi, dass man nämlich S. Königl. Maj. die römische Kron aufsetzen wollte, auf die Bahn gebracht.

---

[1]) Chemnitz sagt daher in seiner Vorrede (I. Theil): Sein Stylus würde jedenfalls etlichen Deutschen, welche gar zu zarte Ohren haben, missfallen, da er den deutschen content mit unterschiedlichen, ausländischen Worten und Formuln ausschmücke.

[2]) Am reichsten ist in dieser Beziehung der 4. Theil des Geschichtsworkes, indem sich meiner Ansicht nach die ursprüngliche, wenigstens nicht ganz durchfeilte Diktion des Verfassers am klarsten erkennen lässt. Wir lesen da unter anderm 4 B. 102: die Armeen fingen sich an zu beriechen, und 6 B. 163: Der Baier hatte den Franzosen viele und harte Nasenstüber gegeben.

Chem. II, 7. Die deutschen Fürsten hatten bishero ihr vornehmes Absehen auf Höchstseligsten Königs Person und treffliche Glückseligkeit gehabt.

Chem. II, 715. Es sind im Prager Frieden viel harte Knoten, die sich nicht wohl justificiren und beschönen liessen.

Chem. II, 737. Oxenstiern müsse bei den Traktaten auf dreierlei sehen, auf seines Vaterlandes Reputation, Sicherheit und Satisfaktion. Die Reputation bestand darin.

Chem. II, 850. Der Kurfürst hat die Ursache nicht vollzogner Friedenshandlung, auch entstehenden Unheils dem Reichskanzler aufzubürden sich unterstanden.

Chem. II, 817. Als in dessen (Oxenstiern) Abwesen der Kurfürst sein Intent mit debauschirung der Koenigl. Schwedischen Offiziere desto leichter durchzutreiben vermocht.

Vind. 6. Kursachsen und alle deutschen Fürsten haben auf ihr Koenigl. Maj. glorwürdigster Memori glückhafte siegreiche Hand ein sehr vornehmes Absehen gehabt.

Vind. 72. Unser Friedensschluss hat zum wenigsten vier harte grobe Knoten, so ihn gar knosperich, ungleich und uneben machen.

Vind. 103. Der Prager Friede tritt der Reputation und Hoheit der Kron Schweden zu nahe, so misshandelt er auch dero Sicherheit und Wohlfahrt. Die Hoheit der Koen. Maj. und Kron Schweden besteht darin.

Vind. 5. Der Kurfürst hat dem Reichskanzler und Bauer, dass sie ohne und wider der Koen. Maj. und Kron Schweden Willen diesen Krieg geführet, auch desswegen an allem Unheil schuldig wären, die Schuld aufgebürdet.

Vind. 112. Der Kurfürst hat seine betrügliche und heimtückische Intention nicht bergen können, indem er der Koen. Maj. und Kron Schweden Soldatesca auf unfürstliche Manier hat debauschiren und abspannen wollen.

Fügen wir zu Alledem noch das Bekenntniss des Autors der „Vindiciae secundum libertatem Germaniae" in Jena stu-

dirt zu haben und seine Kenntniss dortiger Persönlichkeiten [1]),
und berücksichtigen, dass Philipp Bogislav Chemnitz auf eben-
genannter Universität juristischen und historischen Studien ob-
lag [2]), so dürfen wir diesen für den Verfasser der Broschüre
erklären.[3]) Auch konnte nur ein Mann wie Chemnitz sich auf
der einen Seite für „einen deutschen Patrioten", auf der andern für einen Unterthan der Kron Schweden ausgeben, dadurch dass er den verstorbenen Gustav Adolph stets „unsern
König" titulirte.

Er sagte den Wissenschaften im Jahre 1627 Valet und
nahm zuerst Kriegsdienste in den Niederlanden, um gegen den

---

[1]) S. 36 über den Jenenser Professor Gerhart: „Spüren unterdessen
und sehen leider vor Augen, dass dieser hypocritische Fuchs von
grossen-Jehna, ob er wohl, seit dass wir zu Jehna studiret, alters-
halben vielleicht die Haare verändert, dennoch den hypocritischen
Gang, die hypocritische Rede (wesswegen man ihn dazu Mal den
Schleicher genennet) und das hypocritische, untheologische Gemüthe
bis dato unverändert behalten."

[2]) Moller: Cimbria litterata II, 139.

[3]) Auf dem Titelblatt eines auf der königlichen Bibliothek zu
Dresden befindlichen Exemplars der Vind. finden sich die von gleich-
zeitiger Hand geschriebenen Worte: Quarum vindiciarum Autor
Joachimus Transeus, General-Kriegs-Commissarius zu Stockholm,
qui idem autor putatur Epistolae obscurorum virorum contra D. H.
(diese beiden Buchstaben bedeuten zweifelsohne Doctor Hoë, die
eben erwähnte Schrift aber ist mir gänzlich unbekannt). Indess
kann Transche, mag auch die Notiz das Gegentheil behaupten, schon
desswegen nicht der Verfasser der Vind. sein, weil er, ein Schwede,
nicht die Herrschaft über die deutsche Sprache und Geschichte haben
konnte, welche wir in der Broschüre vorfanden. Doch kann erklärt
werden, warum man sie ihm andichtete. Bekanntlich war er längere
Zeit Resident zu Berlin, mehrere Bemerkungen der Vind. verriethen
eine nahe Bekanntschaft mit den Verhältnissen des dortigen Hofes,
eine und zwar die beleidigendste für den Kurfürsten Georg Wilhelm
wurde schon mitgetheilt, eine andere (S. 70) lautet: „Wie ich von
vornehmen Leuten, so am kurbrandenburgischen Hofe um diese Zeit
wohl versiret gewesen, erfahren habe." Auf solche Aeusserungen
mochten sich die berufen, welche Transche die Autorschaft zuschrie-
ben, während ich in ihnen nur Mittheilungen desselben an seinen
Schwager Chemnitz erblicken kann, die dieser als brauchbares Material in seiner Broschüre verwerthete.

König von Spanien, dann bei den Schweden, um gegen den Kaiser zu kämpfen.[1]) Verschiedene Notizen der Vind. wiesen auf eine Theilnahme an den Feldzügen des Königs Gustav Adolph hin.[2]) Er avancirte bis zum Hauptmann, nahm seinen Abschied — wann, ist unbekannt — und widmete sich, wie Moller berichtet, wieder seinen Studien. Welchen Zweck diese hatten, „welchen Beschäftigungen er sich bis zum Jahre 1643 überliess"[3]), deutete bisher keine Nachricht an; auf eben diese Fragen eine gewisse Auskunft zu ertheilen, sind wir jetzt in der Lage, indem wir den innigen Zusammen-

[1]) Nach Moller.

[2]) Die Erzählung, wie die Nürnberger dem König den kaiserlichen Schmuck vorzeigen, kann nur von einem Augenzeugen mit den Worten eingeleitet werden: „So erinnere ich mich doch gar eben." Bei der Einnahme Münchens muss der Verfasser auch zugegen gewesen sein, da er von einem Bilde des sächsischen Kurfürsten, das diesen in dem einen Felde als Jäger, in dem andern als Bacchus darstellte, ausdrücklich sagt: „welches schöne denkwürdige Stück wir zu München bei Eroberung selbiger Residenzstadt auf dem Schlosse gefunden haben." Am evidentsten jedoch tritt seine bis ins Detail gehende, nur an Ort und Stelle zugewinnende Kenntniss bei einer Schmutzgeschichte hervor, die er den sächsischen Kurfürsten nach der Breitenfelder Schlacht zu Halle mit der Frau „des Rathskämmerers Seyfart" vollführen lässt, denn zu der Zeit war wirklich einer des Namens Rathsmeister der Stadt Halle und war dieser auch verehelicht (Dreyhaupt: Ausführliche Beschreibung des Saalkreises II, 334). Könnte man nicht · ebenfalls aus den Worten des Geschichtswerkes (I, 216): „Der Kurfürst war nach Eroberung Leipzigs gleichfalls allhie angelangt", auf einen Aufenthalt Chemnitzens in der Saalestadt schliessen? Unbedingt konnte er „allhie" doch nur von einem Orte gebrauchen, an dem er sich selbst befand. Und wäre es so undenkbar, dass Chemnitz dieses „alhie" aus einem während des Feldzuges geführten Tagebuch in das Geschichtswerk aufnahm?

[3]) Vorrede zu der 1855 erschienenen Publication des unvollständigen dritten und des vierten Theils von Chemnitz. Beiläufig noch eine Bemerkung. Die Herausgeber scheinen der Behauptung, ein fünfter und sechster Theil sei vorhanden gewesen, keinen Glauben zu schenken. Auf jeden Fall hat Chemnitz eine Fortsetzung beabsichtigt, denn IV, 6 Bl. 112 sagt er: „Die Belagerung von Korn-Neuburg wollen wir zum nächstfolgenden Theil unsrer Histori versparen", und am Ende desselben Buchs findet sich eine ähnliche Verheissung.

hang der Vind. mit der schwedischen Regierung und deren Vertretern nachweisen werden.

Nach der Broschüre muss Chemnitz zu Oxenstiern und Baner in einem officiellen Amtsverhältnisse gestanden haben, da er von ihnen nur als „Ihro Excellenzen" redet, auch können ihm nur seine Beziehungen zu den leitenden schwedischen Kreisen Kenntniss von Vorfällen verschafft haben, die sonst nicht in die Oeffentlichkeit drangen.[1]) Was ihn aber vor allem als einen Vertrauensmann und als einen officiellen Publicisten der schwedischen Regierung erkennen lässt, ist der Umstand, dass ihm für seine publicistischen Zwecke schwedische Staatspapiere (der Schluss des Stockholmer Reichstags 1635 und die Proposition der englischen Gesandten an Oxenstiern, Stralsund den 3. Juni 1636) zur Verfügung gestanden haben, ist das Geständniss, dass er die Publication seiner Vind. auf Geheiss der Regierung[2]) im Jahre 1635 unterliess, um sie erst 1636 auszuführen. Wenn wir demnach annehmen, dass Chemnitz, dem im Jahre 1643 der für einen Ausländer um so ehrenvollere Auftrag den in Deutschland geführten Krieg zu beschreiben zu Theil wurde, bis zu eben diesem Jahre von der schwedischen Regierung zur Abfassung publicistischer Arbeiten verwandt worden sei, werden wir uns wohl nicht allzufern von der Wahrheit befinden; und da es grade Oxenstiern war, durch den Chemnitz jenen Auftrag erhielt, mag er wohl unter dessen specieller Aufsicht beschäftigt gewesen sein.

---

[1]) So erzählt er, dass Oxenstiern Weihnachten 1632, „das durchteufelte, bestialische, am dresdnischen Hofe gebräuchliche Saufen zu vermeiden", seine Wohnung aus dem kurfürstlichen Schloss in die Stadt Dresden selbst verlegt habe, dass der Kurfürst 1635 zu Sandersleben den General Baner unhöflich behandelt, dass er den General Lohausen, der 1635 als schwedischer Gesandter in Leipzig war, „bei der Tafel mit ganz unbescheidenen Worten Lügen gestraft, nachher sich aber durch den Schreiber des Generals Taube mit der Trunkenheit excusirt" habe.

[2]) S. 3 u. 4: „Ob nun zwar solch Werk (Vind.) an ihm selbst gut, ist doch der Stylus ... etwas satyrisch und zu hitzig befunden worden, und hat man auf Königl. schwedischer Seiten, da man bis dato, wie die Erfahrung bezeugt, in Schriften gar gelinde procediret, es in öffentlichen Druck auszufertigen Bedenken getragen".

Nicht eine Broschüre, sondern ein Buch ist es, welches im schwedischen Intresse geschrieben [1]) abgesehen von seinem staatswissenschaftlichen Inhalt auch Angriffe auf den Prager Frieden enthält, nämlich die bekannte:

Dissertatio de Ratione status in Imperio nostro Romano-Germanico, in qua, tum qualisnam revera in eo Status sit, tum quae Ratio Status observanda quidem, sed magno cum Patriae Libertatis detrimento neglecta hucusque fuerit, tum denique, quibusnam mediis antiquus Status restaurari ac firmari possit, dilucide explicatur. Autore Hippolitho a Lapide. Anno MDCXL.

IV. Eine zweite Auflage 12° erschien in Holland 1647 mit der Bezeichnung Freistadii.[2])

Der Prager Friede wird als „pax turpis, insidiosa, propudiosa, omni bello nocentior" bezeichnet. In religiöser Hinsicht tadelt die Dissertatio nur die Jurisdiction des Kaisers in allen Streitfällen, die zwischen Katholiken und Protestanten durch die Auslegung des Religionsfriedens hervorgerufen würden, dagegen ergeht sie sich des weitern, wo

---

[1]) Ausdrücklich macht die Dissertatio (III, 23) darauf aufmerksam, dass das Haus Oesterreich niemals Herr des baltischen Meeres werden dürfte. F. W. Barthold führt die Ansicht C. A. Menzels an, dass sie unter französischem Einfluss in Holland gedruckt sei, weil ihr doppeltes Wasserzeichen die französische Krone mit der Umschrift Roy darstelle. Dadurch wurde ich veranlasst mich in dem Originaldruck nach diesem Merkmal umzuschen und fand allerdings auch zwei sehr deutliche, kreisförmige Wasserzeichen, aber das Roy konnte ich nicht entdecken. Vielmehr stellt das Centrum des ersteren einen Fisch dar, in der Peripherie ist der Name Nathanael Bropstzy nicht zu verkennen; das zweite enthält in der Mitte eine Blume, die von obengesehen in 4 Punkten den Rand berührt, dieser seinerseits führt den Namen Woddenbergk. Bis S. 129 im ersten Theil herrscht jene ausschliesslich, von da ab wechselt sie mit dieser bis zum Schluss desselben, um ihr im zweiten und dritten Theil völlig den Platz zu überlassen. Vielleicht bringen diese Notizen einen Kundigen zur Entdeckung des Verlagsorts; dass derselbe nicht in Pommern zu suchen ist, nehme auch ich wegen des guten Papiers und des eleganten Drucks, wodurch sich die Dissertatio auszeichnet, an.

[2]) Vergleiche Friedrich Weber, Hippolithus a Lapide (Sybel: Historische Zeitschrift B. 29, S. 254 — 306).

sie die Schädigung der ständischen Intressen darlegt. Wenn
es den Ständen untersagt sei Bündnisse unter einander zu
schliessen, dürfe der Kaiser auch keine mit den Ausländern
abhandeln; Fürsten und Stände drücke der Friede durch die
geforderte Contribution von 120 Römermonaten und seien durch
diese die bisherigen ausserordentlichen in ordentliche Abgaben
verwandelt; es schädige die deutsche Freiheit, wenn der König
von Ungarn den Oberbefehl über das gesammte Kriegsvolk
führe, wenn der Kaiser Festungen und Pässe besetze; früher
hätten die deutschen Fürsten die anderer Nationen durch ihre
Macht und Privilegien übertroffen, jetzt würden sie ohne jeden
Schein des Rechts von Hab und Gut vertrieben, oder sie ver-
dankten es nur der Gnade des Kaisers, dass sie nicht ein
gleiches Schicksal treffe; wenn Ferdinand II. den Kurfürsten
von der Pfalz zu verbannen gewagt hätte, was hindere den
Kaiser heute oder morgen Johann Georg und Maximilian ihres
Kurfürstenthums zu entsetzen!

Die Dissertatio hat an gleichzeitigen Broschüren, die
„Pirnischen und Pragischen Friedenspakten", die „Deploratio
pacis Pragensis" und am meisten die „Vindiciae secundum libertatem Germaniae" benutzt. Gleich letzteren (133) weist sie
(II, 73) einen Vergleich des Prager Friedens mit dem Passauer
Vertrag energisch zurück und nennt ihn einen Particularvertrag
zwischen dem Kaiser und dem Kurfürsten, der niemals an Stelle
einer allgemeinen Reichsconstitution den Ständen aufgedrungen
werden könne.¹) Da der Schluss des Prager Friedensinstruments das einseitige Verfahren des Kaisers und des Kurfürsten
mit der Noth und Unruhe des deutschen Reichs zu entschuldigen suchte, so fühlen sich die Vind. (62) sowohl wie die
Diss. (II, 123) zur Citirung des Schreibens der evangelischen
Stände aus Leipzig 28. März 1631 veranlasst: „Es ist zu Regensburg von den sämmtlichen Kurfürsten ausgeführt und von
Kurbaiern in dessen sonderbarem Voto gesetzt worden, dass
die Reichsconstitutiones durch keine Noth und Gefahr nicht
zurückgestellt und überschritten werden sollen. Sie seien plane
immotae etc."

¹) Ich citire nach der Originalausgabe der Dissertatio.

Die Uebereinstimmung der Ansichten geht über den Prager Frieden hinaus. Erstere (52) sprechen „vom Römischen Reich, das früher die Bewunderung der Nationen war, jetzt aber zum Spektakel geworden ist", die letztere (III, 8): „Imperium . . ., ad honorem et gloriam omnibus vicinis nationibus est ludibrio." Beide (Vind. 43, Diss. I, 91) hegen eine geringe Achtung vor der goldenen Bulle, und beide (Vind. 8, Diss. Vorrede) sprechen mit gleicher Geringschätzung von den Legisten. Auch stimmen beide mehrfach im Wortlaut überein:

Vind. 39: „Der Kurfürst (von Sachsen) hat die Vindicias nicht secundum, sondern contra libertatem Germaniae gesprochen."	Diss. (Vorrede): „dixerunt secundum Imperatorem vindicias contra Patriae Libertatem."
Vind. 30: „Wider den Kaiser darf ein Stand des Reichs sich wohl mit einem fremden Potentaten verbinden, nur fragt es sich, ob dieses Bündniss contra Imperium sei".	Diss. (I, 112 u. 114): „Foedus coire ordinibus licet cum extraneis regibus ac principibus, modo id sine Imperii Germanici fraude fiat, imo etiam contra Imperatorem."
Vind. 159: „Diese Curialien, höfliche Reden und zierlich Ehrenwort, deren jetzigen deutschen Gebrauch nach alle Schreiben vollstecken."	Diss. (I, 83): „communi saeculi nostri vitio et depravato Germanici idiomatis stilo, qui hujuscemodi nugamentis ac inanibus ceremoniis, titulorumque ampullis ad nauseam usque scatet."

Ebenso wie die Vind. liebt die Diss. Wortspiele [1]); die Ausdrücke Pseudopolitici (Vind. 88, Diss. I, 2), Calendae Graecae (Vind. 69, Diss. II, 23), geschorner Haufe — rasa cohors (Vind. 85, Diss. III, 11) sind beiden geläufig, wie auch die Wendungen: Dunst vormachen — fucum facere (Vind. 68, Diss. III, 54), die Farbe nicht halten — colorem non habere (Vind. 68, Diss. II, 128), grade ins Gesicht sagen — directo

[1]) III, 25: Nostri Austriaci adversus Cives, Tarquiniis tarquiniores exstiterunt, ferner nach einem Citat aus Asinius Pollio: Sed meminerint isti, nec Asinios nec asinos nos esse et plus mentis robore pollere quam degenerem istum Pollionem.

in faciem ac barbam ingerere (Vind. 8, Diss. II, 130), die doch
in der Diss. nur Uebersetzungen aus dem Deutschen sind, dahin
man auch das alicui Germani sanguinis guttam superesse (Vind.
40, Diss. II, 134) rechnen muss. In den deutsch geschriebenen Vind. (30) heisst der Kurfürst Johann Georg „Feld-
webel", in der lateinischen Diss. (II, 76) natürlich „optio".

Beide Schriften geben — meist wieder in denselben Wendungen — eine Geschichte des Hauses Habsburg, und zwar beide,
um das fälschlich bewunderte Geschlecht zu brandmarken. Die
Vind. (161) sagen: „weil unsere heutigen Politici grosse
Stücke von Oesterreich halten, und gar bis in den Himmel erheben." Diss. (III, 6): „Novimus hoc passu plerorumque ho-
diernorum Politicorum indignationem nos incursuros, qui tempori
et aurae se accommodantes in laudibus hujus Familiae toti sunt
et merita ejus plenis buccis depraedicare desinunt."

Beide erzählen von dem „angebornen Ehrgeiz des österreichischen Stammes" — „ambitio Austriacae domui insita"
(Vind. 169, Diss. II, 13), „von der Begierde viel Land und
Leute zu beherrschen" — „praepostera dominandi libido" (Vind.
169, Diss. III, 20). Nach S. 39 der Vind. hat das deutsche
„Septemvirat, darunter dein Herr (der sächsische Kurfürst),
soviel nämlich die Pragerische Handlung betrifft, die vornehmste
Person agiret", die Freiheit Deutschlands dem Hause Oesterreich
zugesprochen. Dem entspricht Diss. (III, 1): „licere a com-
muni Libertatis sacrificio, quam Austriacae Domui immolarunt
cumprimis septem Principes electores: cui tandem sacrificio,
tanquam Praeco, colophonem imposuit istudque ire licet per
transactionem suam Pragensem publice proclamavit Saxoniae
Elector". Die Vind. vergleichen dabei die libertas Germaniae
mit einer Braut oder Virginia, um die das Haus Oesterreich
Jahre lang gebuhlt, bis sie durch den Prager Frieden gleich
einer Hure verkuppelt wäre. Die Diss. hält das Bild in ihrer
Conclusio (54) fest: „multi tanquam perditissimi lenones
Austriacis Procis prostituunt Libertatem". „Ferner haben die
Oesterreicher der deutschen Freiheit mit Ränken und Schwen-
ken, oder auch wiederum mit glatten, guten Worten und
freundlichem Erbieten nachgestellt." Diss. (II, 113): „Austriaca
Domus omnem Imperii Majestatem ad se traxit per cuniculos

scu obliquas quasdam artes, quibus accesserunt blanda ne byssina saepe honoris verba".

Die Vind., wie der dritte Theil der Diss. zählen, und zwar wieder meist in sachlicher und formaler Uebereinstimmung, die Territorialverluste auf, die das deutsche Reich unter Rudolf von Habsburg und Karl V erlitt[1]); während aber

---

[1]) Es sei mir gestattet einige Stellen anzuführen, die in sachlicher wie formaler Beziehung übereinstimmen:

Vind. 133. Es ereignet sich offenbarlich, dass das Haus Oesterreich bei und durch die Römische Kron zu grossem Aufnehmen kommen, aber das deutsche Reich bei der österreichischen Regierung in gross Abnehmen gerathen. Ihr Stammbaum Rudolf von Habsburg war von geringem Vermögen, wusste sich aber das Kaiserthum wohl zu Nutze zu machen, machte seinen Sohn, als er die drei Lehnfahnen Oesterreich, Kärnthen und Steiermark König Otto die Kron in Böhmen vorenthalten, zum Herren über obgedachte Länder. Hierwieder ist er dem Reiche vorgestanden, wie der Bauer den Spiess trägt, und der erste, welcher den Städten in Italien, als Florenz um 6000 Goldgulden . . . . . . ihre Freiheit zu verkaufen den Anfang gemacht; dem Papst die Stadt Bononien . . . . . zugewandt, wie Maximilianus . . . . . Innsbruck 13 Cal. Aug. Anno 1511 heftig sich beklagt. Des Rudolphi Nachkommen ist der Muth mit dem Glück noch höher gewachsen und haben sich eines Erzherzogs . . . Titul angemasset.

Diss. III, 6: Austricai Imperii beneficio creverunt, Imperium vero sub ipsis decrevit.

Rudolfus Habspurgensis, primarius eorum stipes (S. 5 heisst es: ex obscuro loco et initiis) Ottocaro, Bohemiae Regi, ereptam Domui et liberis suis mancipavit. Idque omnium primum Austriacae potentiae incrementum fuit.

III, 8 Hinc enim Rudolfus rem Principi turpem commisit, universam pene Italiam sui juris faciens, ... Florentini persolvere sex Milia. Idem Rudolfus Pontifici . . . . Bononiam . . . . concessit, quemadmodum . . . Maximilianus . . . ex Oenobriga 13 Cal. Augusti Anno 1511, conquestus est.

III, 6. Fuere tamen Ducis adhuc titulo . . . . . contenti, donec Maximilianus . . . . pro fortuna animos gerens. Archiducis titulum sibi . . . adicivit.

die Vind. (169) nur kurz noch Albrecht I. und Friedrich den Schönen berühren, beschäftigt sich die Dissertatio mit allen

Die reichen Heirathen ....., so sie hernachmals getroffen haben, haben sie Niemand anders als der kaiserlichen Dignitaet zu danken, denn ohne dieselbe man sie vielleicht mit dem linken Auge nicht angesehen hätte.

Ich möchte aber gern sehen, wie der Patriot einführen wollte, dass das Evangelische Reich unter dieses Hauses Regierung sich gebessert.... Ja es haben die Oesterreicher selbst dem deutschen Adler die Federn überall beruphet.

Karl V. nahm die Reichsstadt Camrich ... und zwang sie, dass sie.... das Joch der Dienstbarkeit musste auf sich nehmen. Die Reichsstadt Mastricht an der Maas ....

....

ist von ebendemselben Kaiser Karl auf emsiges Anhalten der Brabanter dem Reichsrecht entzogen. Kostnitz.... konnte .... keine Gnade und Verzeihung erlangen, bis sie sich dem Hause Oesterreich ganz und gar zu ewigen Zeiten ergab.... und aus einer Reichs- eine Landstadt ..... ward. Darüber abermal dem Römischen Reich .... eine Stadt ab, dem Hause Oesterreich aber und ihrem Privatnutzen eine Stadt zugegangen.

S. 139. Das Herzogthum Mailand ....

hat er .... wie der Kurfürst zu Mainz bei seiner Wahl ur-

.... id certe Imperio et Imperatoris nomini potissimum acceptum ferre debent; absque cujus fulgore ad sublimas ac ejusmodi nuptias, quas consecuti sunt, haud quaquam felici exitu aspirare potuissent.

III, 6. Sed ostendant illi, quaeso, ubi et quando Austriaci Imperium auxerint.

III, 8. Neque ab exteris, sed ab ipsismet Austriacis Aquila Imperii hinc inde varie deplumata est.

III, 17. Carolus V. ..... Cameracum Aquilae eripuit, domnique suae in servitutem addixit ..... Trajectum ad Mosam Urbem Imperialem ...

....

idem Carolus V. Imperio ereptam, ad instantiam Brabantinorum sibi asseruit.

III, 16. Constantienses ... proscripti, Austriacae domni se dediderunt in perpetuum ...

....

....

Ad eum modum iterum Urbs Imperialis provincilis facta est, Imperioque ademta, privatum Austriacorum auxit patrimonium.

III, 14. Nam Mediolanum Hispani, secundum Electoris Moguntini vaticinium sibi retinuerunt. Et adeo hunc Me-

6

habsburgischen Kaisern bis hinab zu Karl V. Nur von ihr,
und nicht von den Vind. wird Albrecht II., Friedrich III.,

giret vor sich behalten, sinte-
mal Anno 1544 .... Carolo,
Herzog von Orleans ... dieses
Herzogthum zum Heirathsgut
mitzugeben bewilligt. Der schönen Stadt Florenz ..... hat
Karl V. ...... Alexandrum
Medices .... zum Herrn vor-
gestellt. Die Stadt Senae hat
sich ... dem Kaiser ... er-
geben, doch mit dem Bedinge,
dass er sie in seinen und des
Römischen Reichs Schutz aufnehmen sollte. ..... Er hat
aber .... wider seine Zusage
Franzen von Toledo zu einem
Statthalter hineingeschickt, diese Verträge aufgehoben und
ein neu Instrument aufrichten
lassen, darin er deren von
Senis Herrschaft seinem Sohn
Philipp übergeben ....
durch diesen Philippum ist die
Reichsstadt Senae ..... an
Cosmum de Medices .... ent-
äussert worden ....
Von den Städten Parma und
Placentz schreibt Karl V. selbst
an die Cardinäle im 1526 Jahre.
Es wäre kein König, der die
römische Kirche in grössern
Ehren hielte etc. ....
Das Herzogthum Würtem-
berg hätte er .... dem Reich
billig zu Nutzen behalten sollen
..... aber er hat es durch
den Passanischen Vertrag dahin
gebracht ...., dass ... das
berührte Fürstenthum Würtemberg in Mangel der Lehnserben
an das Haus Oesterreich fallen
sollte.

diolanensem Principatum suum
esse, putavit Carolus V., ut
Anno 1544 ... Aureliano Duci
illum in dotem constitueret.

Florentinis ...... idem
Alexandrum Medices ......
Principem constituit.
Senarum urbs Carolo V....
his conditionibus dedita est,
ut Caesar Civitatem et Rempu-
blicam in fidem suam et Im-
perii acciperet ...... Sed post
Franciscus Toletanus ab eodem
Caesare eo missus contra pacta
ac fidem datam ...... novam
Rei publicae formam constituit
.... Et Caesar .... novum
.. instrumentum confici man-
davit, quo ditionem Senensem
.... Philippo filio concessit
...... Qui Philippus ...
Senensis ditionis possessionem
Cosmo concessit ....

De urbibus, Parma et Pla-
centia, Carolus V. ipsement ad
Cardinales Anno 1526 fassus
est: Nullum esse Regem, qui
majore studio quam ipse Ro-
manam Ecclesiam complectatur
etc. ....
... Ducatus Wurtembergicus
.... publico Imperii domanio
uniri debuit ...... Cadami
tamen postea .... prospexit
cavitque, ut exstincta forte familia Wirtembergica ......
Austriaci Principes, eam regio-
nem obtinerent.

Maximilian 1. erwähnt: über Albrecht heisst es, sein Schicksal hätte weder Tugenden noch Laster erkennen lassen; Friedrich dem III. wird seine Ergebenheit gegen den päpstlichen Stuhl vorgeworfen; über Maximilian lautet ihr Urtheil: fuerit fortis, fuerit bellator Maximilianus, sibi tamen suisque, non Imperio fuit.

Um zu zeigen, dass die Habsburger „mit Kaiserlicher Parole, mit Eid und Pflicht gespielt", lassen sich die Vind. auf eine Beschreibung der Regierungen Karls V., Ferdinands I. und Ferdinands II. ein. Ueber Ferdinand I. wissen sie nur auf $1\frac{1}{2}$ Seiten zu erzählen, während Karl V. ihnen Stoff für 18 Seiten gegeben hat. Ihm halten sie Nichterfüllung seiner Capitulation und anderer Verpflichtungen vor; einzelne Vorwürfe, die sie lediglich gegen ihn erheben, erhebt die Dissertatio (II. Theil) gegen alle habsburgischen Kaiser, indem sie an dem Beispiel Karls V. die von den Habsburgern überhaupt angewandten Mittel die Freiheit Deutschlands zu unterdrücken nachweist [1]).

---

[1]) Um zu beweisen: Austriaci ad eum scopum consilia sua direxerunt, ut loca Imperii munitiora et opportuniores urbes aut castellis vincirent ant validis praesidiis occupata tenerent, führt die Dissertatio (II, 148) wie die Vind. (138) die von Moritz zu Passau gehaltne Rede an, laut welcher sich Karl V. gerühmt haben sollte, das unterjochte deutsche Reich würde ein kaiserliches Erbland und die Hauptstädte würden in Festungen verwandelt werden. Die Vind. (149) ziehen aus der Antwort, die Granvella kursächsischen Gesandten gab, der Kaiser würde von seinem Vornehmen nicht abstehen, es fiele gleich der Türke ein, wie er wollte, den Schluss: „Das continuirliche Queruliren von des Türken Macht und Grausamkeit auf allen und jeden Reichstagen und diese so oft iterirte Türkenhülfe und Steuer ist vielmehr den deutschen Ständen das Geld abzunarren, sie auszusaugen und zu schwächen, als den Türken mit Ernst anzugreifen gemeint gewesen." Unverkennbar sind diese Worte der Kern zu der von der Diss. (II, 24 u. ff.) gebrachten Erklärung, auf allen deutschen Reichstagen ist „extorquendae causa pecuniae" der erste Artikel die Hülfe gegen die Türken gewesen, und fast wörtlich heisst es (26): praetextu hoc belli Turcici ad enervandos et opprimendos Imperii ordines usos fuisse Austriacos. Beide Schriften lassen unmittelbar darauf die von Karl V. gegen einen französischen Gesandten gemachte Bemerkung folgen: Er gedächte die deutsche Macht zu gewinnen und wollte nicht eher Kaiser sein etc. und beide citiren Sleidan und Hortleder.

In Betreff Ferdinands II. begnügen sie sich das 1630 zu
Regensburg von den Kurfürsten überreichte Bedenken zu
erwähnen, in welchem dieser unter andern getadelt wird, weil
er nach Besiegung der Union ohne Wissen und Einwilligung
der Stände einen Feldhauptmann eingesetzt, dessen Obersten
zur Erpressung von Laufgeldern gewisse Lande des Römischen
Reichs angewiesen und durch die im Reich aufgebrachten Heere
fremde Regenten gereizt habe. Alle diese Punkte finden sich
auch in der Dissertatio, aber nicht im Zusammenhange aufgezählt, sondern hin und wieder verstreut (II, 113, 108 u. 78).
Man kann also sagen: die Vind. haben das Material zusam-
mengetragen, die Dissertatio hat es nach Bedarf verwerthet.

Blättern wir die Vind. weiter durch, so finden wir auf
S. 168 zuerst den Ausspruch des Mainzer Kurfürsten bei der
Wahl Karls V.: Ad Monarchiam illa (sc. magnitudo animi Caroli)
spectat, nobis autem Aristocratia retinenda est, ein Ausspruch,
der in seinem letzten Theil am besten und kürzesten die Ten-
denz der Dissertatio ausdrückt und von dieser auch citirt
wird; ferner zwei Sätze, die in dem zweiten Theil der Dissertatio zum Objekt für ganze Capitel gewählt sind, von denen
der eine besagt, ein Geschlecht dürfe nur kurze Zeit im Besitz
der Herrschaft bleiben, während der andere sich dagegen ausspricht, dass einem einzigen die freie Verfügung über die Festungen
und der Oberbefehl über die Soldaten zugestanden werde. [1]

---

[1] „Sonderlich ist es ein Arcanum, dass man eine familiam nicht
zu mächtig werden und zu sehr beim Regiment einwurzeln lassen
solle, sonst kann sie leicht auf andere Gedanken gerathen und sich
des ganzen Status bemächtigen." Die Dissertatio (II, 6): In principatu
maxime attendendum est, ne in una quadam familia per aliquot vices
summus is Magistratus continuetur. „Auch soll man einem nicht die
vornehmsten Plätze einräumen und das ganze völlige Commando
über die Soldatesca übergeben, sonst mag er sich deren leichtlich
wider die gemeine Freiheit missbrauchen, wie der Dionysius zu
Syracus, der Pisistratus zu Athen, der Julius Caesar zu Rom sich
hierdurch ins Regiment eingedrungen." Ebendieselben Beispiele werden auch in der Dissertatio (II, 145) herangezogen und auch hier
heisst es ähnlich: Porro cum in Imperio nostro quilibet fere Proce-
rum et ordinum in sua ditione munita quaedam loca et castra possi-
deat, nil magis vitandum est, quam ne Imperatores in his nidularen-
tur ac ita velut frenum ipsis injicerent.

Auf S. 174 bis 79 ventiliren die Vind. die Frage nach
dem l'mfang der Macht des Hauses Habsburg und nach dem
Grad der Ohnmacht seiner Gegner und kommen im Gegensatz
zu den „Vindiciae pac. Prag.", welche sich bereits mit derselben
Frage beschäftigten, zu dem Resultat, dass ein Widerstand
gegen das Kaisergeschlecht von Erfolg gekrönt sein könne.
Dafür führen sie Gründe an, die ebenfalls von der Dissertatio
in ihrem dritten Theil zu ebendemselben Zweck verwerthet
werden, abgesehen von einem einzigen, welcher mit ihrem con-
fessionslosen Charakter nicht übereinstimmte. Die Gründe sind
folgende:

1) „Des Hauses Oesterreich Macht beruhet anfänglich nicht
wenig auf der kaiserlichen Hoheit, so sie im possess haben und
den blossen kaiserlichen Namen, so überall der Deckel und
Vorhang gewesen." Folglich liegt in dem Besitz des Kaiser-
throns von Seiten Oesterreichs die Ohnmacht der Evangelischen,
der Deutschen. Ein Gedanke, der auch von der Dissertatio ausgesprochen wird.

2) „Weiter besteht des Hauses Oesterreich und des Kaisers
Macht auf dem practext der
Religion, dessen er sich gegen
die katholische Liga gebraucht
und vorgiebt der Krieg sei vor-
nehmlich dahin angesehen, dass
die katholische Religion fort-
gepflanzt. . . . Nun glaube ein
jeder, was er will, im Aus-
kehricht wird sichs finden, obs
die Evangelischen allein ge-
fressen haben oder nicht."
Ferner „Wenn dieser practext
aus dem Wege geräumt wäre,
würde das gute Vertrauen zwischen ihnen bald ein Ende
nehmen."

Diss. III, 3. Utut enim Austriaci Imperatores ipsorum volun-
tati adhucdum pulchre per om-
nia velificentur, nec proprium,
sed Pontificiorum commodum,
in actionibus suis spectare vi-
deantur; attamen devoratis
Evangelicis ambitiosa ista et
insatiabilis Domns nihilo magis
Pontificiis parcet quam Poly-
phemus ille Homerico suo Udi.
S. 4. Sileat autem ac cesset
tandem vanus ille Religionis
praetextus.

Zweierlei ist hier von charakteristischer Bedeutung: dass
die Dissertatio das Bild des Fressens beibehalten hat, und

dass die Vind. bei ihrem sonst völlig antikatholischen Standpunkt doch schliesslich auf ein Verbündniss der Katholiken und der Evangelischen gegen das Haus Oesterreich anzielen. Wenn sie dann

3) die Uneinigkeit rügen, so liegt auch darin schon die Mahnung der Diss. III, 2 eingeschlossen: Omnes ordines concorditer inter se coeunto.

4) „Letzlich ist die öster- | Diss. III, 22. Nec vastissi-
reichische Macht vornemlich | ma ista regna, quae sub utro-
gegründet auf ihre eignen Erb- | que sole possident, Germaniae,
länder und Königreiche, welche | si concors illa absque intestinis
sehr gross und weitläufig sind, | dissidiis sit, subjugandae satis
und sich in alle vier Theile | sunt.
der Welt erstrecken, dessen
ohngeachtet ist die Macht so
excessive gross nicht."

5) „Wir wollen mit Frank- | Diss. III, 22. Adsunt nobis
reich und Schweden zu thun | auxilio exteri, potentissima illa
haben, und dem Kaiser seine | Sueciae ac Galliae regna.
eingebildeten Victorien dispu-
tiren."

Es ist zu beachten, dass die Dissertatio, die sonst ihre Quellen gewissenhaft angiebt, niemals die Vind. citirt, mit denen sie doch, zumal in ihrem zweiten und dritten Theil, wie wir gesehen haben, sachlich und formal übereinstimmt. Nimmt man die Aussage Conrings [1]) hinzu, bedenkt man ferner, dass der wendische Name „Chemnitz" „Stein" (— lithus — a lapide) bedeutet, berücksichtigt man endlich, dass sich gewisse Anklänge zwischen der Dissertatio und der Einleitung zum „Königl. Schwed. in Deutschland geführten Krieg" nachweisen lassen [2]),

---

[1]) (F. Weber): Sub Hippolyti de Lapide nomine latet Ph. Bogislaus Chemnitius, Martini Nepos, Historiographus hodie Sueciae, olim Centurio. Vergleiche auch die weitern Stellen aus Briefen von Conring.

[2]) Chemnitz: „Dass der Kö- | Dissertatio III, 23 Malunt
nig von Schweden zur Verhütung | (Schweden und Frankreich) in
eignen Schadens und Verderbens | alieno restringuere, quam in pro-
der Nachbarschaft sich anzuneh- | prio experiri incendium.
men, auch damit er selbsten in

so ist wohl der Schluss berechtigt, dass die Vind. eine Vorarbeit des zweiten und dritten Theils der Dissertatio de ratione status sind, dass Hippolithus a Lapide Chemnitz ist und zwar sowohl Martin wie Philipp Bogislav. Martin Chemnitz, den Horst[1]) ausdrücklich als denjenigen nennt, der zuerst ein Werk über die öffentlichen Verhältnisse Deutschlands verfasste, ist freilich schon im Jahr 1627 gestorben[2]); man würde also anzunehmen haben, dass er es zu der Zeit, wo die Aechtung des Winterkönigs und andere Gewaltthätigkeiten Ferdinands II. die Evangelischen in Aufregung versetzten, ein Werk zu schreiben unternahm, welches zeigen sollte, wie wenig die durch die österreichischen Kaiser geschaffue Monarchie der wahren Verfassung des deutschen Reichs entspräche. Seine administrative und diplomatische Thätigkeit, namentlich seine Theiluahme am Reichstag des Jahres 1613, bot ihm unmittelbar reichliches Material. Wie weit seine Vorarbeiten zu der uns jetzt vor-

seinem Stat sicher bleiben möchte, in des Nächsten Hauses den Brand zu löschen verursacht worden."
„Den Fusstapfen Karl V. sind die Nachkommen dergestalt gefolgt, dass seither die Römische Kron bei ihnen in unzertrennlicher Ordnung perpetuiret und zwar der Name einer Wahl beibehalten worden, die Sache aber an ihr selbsten sich ansehen lassen, als wenn die Wahl in eine erbliche Succession verkehrt wäre."
Ueber die Aechtnng des Pfälzers: „Womit also die vom Hause Oesterreich nicht allein die vornehmste Säule der deutschen Freiheit, so ihrem Vorhaben im Wege und kräftig wider den Riss gestanden, gefällt und weggeräumt."

II, 15. Constat sane ex his antiquam illam eligendi libertatem verbotenus adhuc hodie Imperio ac electoribus salvam; electionis enim nomen, imago ac titulus ubivis praetenduntur et solemnia sunt. De re tamen ipsa valde est, quod abigamus.

II, 72: Ut vero legum potestatem minus extiuesceret Ferdinandus removere etiam in animum induxit praecipuum legum custodem: electorem nempe Palatinum, Imperatoris judicem, licentiae imperatoriae obicem.

In der Annahme, der vierte Theil des Geschichtswerkes würde eine Aufklärung gewähren, wird man gründlich getäuscht.

[1]) R. Horst: Extractschreiben, Altenstettin 15. Juli 1649 (Struve, Histor. Archiv II, 342).

[2]) Moller: Cimbria litterata.

liegenden Abhandlung „de ratione status" gediehen waren, da
er starb, kann nicht entschieden werden. Dafür, dass ihr
erster Theil mit geringen Ausnahmen sein Werk ist, spricht
einmal die in ihm herrschende Ruhe, welche vortheilhaft von
der leidenschaftlichen Heftigkeit der beiden andern Theile ab-
sticht. Freilich hat man gemeint [1]), die Natur des Gegenstandes
selbst fordere dort eine in den Grenzen gelehrter und ruhig
forschender Behandlung gehaltne Darstellung, während hier der
wissenschaftliche Lehrer des Staatsrechts dem politischen Eifrer
weiche, doch woher kommt es dann, dass der leidenschaftlichen
Sprache, in der die Ereignisse nach 1627 vorgetragen werden,
die leidenschaftlose gegenübersteht, mit der die vor 1627 citirt
werden? Dass beispielsweise gegenüber dem Auftreten der
Oesterreicher im Jahr 1623 (71) oder bei der Erörterung des
dem Pfalzgrafen zustehenden Rechts Kaiser und Könige zu
richten (74) beste Gelegenheit zu solchen Invektiven war, liegt
auf der Hand. Sodann spricht für die obige Behauptung die
Auswahl des Beweismaterials aus dem Anfang des 17. Jahrhunderts, wie sie vom ersten Theil getroffen wird. Weiter sind
auch mehrere chronologische Bezeichnungen zu beachten, so
(152) für das Jahr 1580 „nove", (142) für 1609 „novissime",
(177) für 1618 „nuper", Bezeichnungen, die doch eher auf
einen Verfasser aus dem dritten, als auf einen aus dem vierten
Decennium des 17. Jahrhunderts hindeuten.

Dass aber eine Revision von fremder Hand stattgefunden
haben muss, beweist folgende Stelle (190): In quo articulo
(Achtserklärung) iterum impense improbus et mendax est autor
Justitiae Caesareae Imperialis et ab ipso Electore Saxone re-
fellitur, dum scribit: Quod ab eo tempore, quo constitutum est
Judicium Camerae, nimirum ab Anno 1495 in nullis Conventibus
ordinum Imperii ulla Banni fuerit facta declaratio.

Denique ut exemprorum hanc farraginem recenti aliquo et
notabili, quod ipsimet vidimus, concludamus, contra immaturam
ac praecocem Palatini in Bannum declarationem ipse Elector
Saxoniae sero primum protestatus est; quam tamen postea, tum
ipse parum sibi constans Pactis Pragensibus absolute ac sine

---

[1]) Vergleiche die betreffenden Partieen bei Weber.

ulla conditione approbavit; tum Brandeburgicum vicinum, ut approbaret, compulit. Qualem vero opinionem seu existimationem apud omnes inconstantia sua meruerint ac sibi comparaverint, ipsimet conscientia sua et propria confessione convincuntur. Ita enim antehac ad Caesarem scipserunt: (folgt der deutsche Wortlaut eines Schreibens von Anneberg 12. März 1623). Dann kommt unvermittelt der auf den „Autor Justitiae Caesareae imperialis" gemünzte Satz: „Exempla, quae idem autor in contrarium affert, nullius nostro judicio ponderis sunt und ebenso unvermittelt kehrt die Erzählung zu der Proscription Heinrich des Löwen zurück. Die Worte von „Denique" bis zu dem Anneberger Schreiben sind demnach eingeschoben. Auch wäre es wohl schwerlich ein und demselben Verfasser begegnet den Ausspruch des Mainzer Kurfürsten über Karl V.: Animi magnitudinem illi tribuunt, sed ad Monarchiam illa spectat etc. das eine Mal (I, 30) richtig anzugeben, um ihn ein anderes Mal (II, 138) auf Franz I. von Frankreich zu beziehen.

Martin Chemnitz hinterliess seiner Familie den beabsichtigten Angriff auf das Haus Habsburg gleichsam als Vermächtniss. Sein Sohn Philipp Bogislav trat dieses Vermächtniss an, indem er ein Decennium nach des Vaters Tod das von ihm hinterlassene Material einer Revision unterwarf und die Arbeit zu Ende führte. Dies zu thun hatte er die Absicht vielleicht schon, da er die „Vindiciae secundum libertatem Germaniae", für die er immerhin Einiges aus der geistigen Hinterlassenschaft seines Vaters benutzt haben kann, verfasste [1]), und bei deren Ausarbeitung mag dieses neue Werk in seinem Geiste Gestalt gewonnen haben. Mit der klaren, ruhigen Objectivität Martins verband Bogislav Chemnitz die leidenschaftlichen Töne seines Hasses, der in den dithyrambischen Imperativen, mit denen der dritte Theil die Entthronung und Vertilgung des habsburgischen Geschlechts fordert, den schreiendsten Ausdruck fand. Und in seinem Munde waren auch die Worte der Con-

---

[1]) Ausdrücklich ruft er (Vind. 182) dem kursächsischen Patrioten zu: „Nimm vor dies Mal nebst Deinem Herrn vorlieb, auf ein ander Mal soll es besser werden."

clusio bedeutungsvoll: „Jacta est alea, Rubiconem jam transivimus: Pellant nos Patria, Mundo non pellunt. Et forsan, si degeneres populares nostri aequa jugum cervice subierint, alia nos recipiet ac fovebit, non inhospita tellus." Es war sein Absagebrief an das deutsche Vaterland, an Stelle dessen ihm Schweden eine gastliche Heimstätte verhiess.

Die Gründe, welche speciell Frankreich zu einem energischen Widerstand gegen den Prager Frieden bewogen, waren folgende. Schon nach Abschluss der Pirnaer Präliminarien, März 1635, hatten die Spanier die Stadt Trier unvermuthet überrumpelt, die Franzosen, welche sich noch bei Lebzeiten Gustav Adolphs in ihr festgesetzt hatten, vertrieben und deren Schützling, den Kurfürsten, gefangen genommen. Dieser wurde durch den Prager Frieden nicht nur nicht in seinem Lande restituirt, sondern sogar seiner besten Festung, Philippsburgs, beraubt, die der Kaiser für sich in Anspruch nahm. War schon das eine bedrohliche Rheinposition Oesterreichs gegen Frankreich, so war es in noch höherem Masse die Uebertragung der Unterpfalz an Spanien, die einem in Paris herrschenden Gerücht[1]) zufolge durch einen geheimen Artikel des Prager Friedens erfolgt sein sollte. So sah sich Frankreich im Norden, Osten und Süden von dem Hause Habsburg bedroht, und wenn es auch im Jahre 1635 nur mit der spanischen Linie in erklärtem Krieg stand, so musste es doch die Bestimmung des Friedens „dem Herzog von Lothringen zu seinem Land und Leuten zu verhelfen und den ihm zugefügten Schaden an den Verursachern und Helfershelfern zu ahnden", als eine Kriegserklärung der deutschen Linie, ja des ganzen deutschen Reichs betrachten, und sein leitender Staatsmann[2]) erblickte in dem Frieden nur ein Offensivbündniss des Kaisers mit den Ständen gegen Frankreich.

---

[1]) Hugo Grotius an Axel Oxenstiern, Paris den 17. April 1637
[2]) Richelieu, mémoires T. IX. (Coll. Petitot T. XXIX.) S. 73: la paix de Pirna, en laquelle on remit aux protestans les biens ecclesiastiques, pourvu ils fussent la guerre à la France. Die Bezeichnung la paix de Pirna wird mit Ausnahme einer Stelle von den mémoires auch für den Prager Frieden festgehalten.

Man hatte in der französischen Hauptstadt dem Friedensinstrument eine grosse Aufmerksamkeit geschenkt [1]); Ludwig
XIII. selbst soll beim Durchlesen erklärt haben, „nur der Artikel wegen des Reichskriegsheeres wäre nöthig gewesen, das
übrige Papier hätte man sparen können" [2]). Ihm wurde auch
der Ausruf zugeschrieben: „Iste Saxo per pacem suam prodidit
Germaniam", ein Ausruf, von dem die antisächsischen Flugschriften Gebrauch machten. Als ihm nun der Kaiser in jenem
Schreiben an den Gesandten zu Rom die Schuld davon bei-
mass, dass der Prager Friede der katholischen Kirche nicht
noch mehr Gewinn eingebracht hätte, und als dieses Schreiben
vielfach verbreitet wurde, sah sich die französische Regierung
zur Abfassung zweier Schriften veranlasst; deren erste jene
Beschuldigung auf den Urheber zurückweisen sollte, während
die zweite den Prager Frieden zu bekämpfen hatte. Aus den
Briefen von Hugo Grotius [3]) erfahren wir, dass die Seele der
französischen Staatspublicistik kein anderer war als der durch
seine diplomatische Thätigkeit ausgezeichnete Kapuzinerpater
Joseph, dass dieser sich mit einer Anzahl von Publicisten um-
geben hatte, und dass der Censor aller lateinisch gefassten Gutachten der Arzt des Cardinals Richelieu war. Aus diesem
Kreise — einem förmlichen Pressbureau — ging im Jahre
1636 ein französisches Buch hervor, welches von dem schwedischen Gesandten unter dem lateinischen Titel: Veritates Galliae
oppositae Hispanicis calumniis citirt wird, worin dem Kaiser
der Vorwurf gemacht wurde, durch Verschleuderung der
Kirchengüter von den Protestanten einen schmachvollen Frieden
erkauft zu haben. Der Angriff auf den Prager Frieden wurde
einem gewissen Stella aufgetragen.

Dieser Mann war ein Deutscher, aus Zweibrücken ge-
bürtig, und muss seine Bildung auf einer deutschen Universität
erlangt haben, denn solche Kenntnisse der deutschen Geschichte,
Verfassung und deren Quellen, wie sie uns in seinen Schriften
entgegentreten, konnte er nur in Deutschland selbst erwerben.

---

[1]) Hugo Grotius an Grubbe, Paris 27. Juli 1635.
[2]) „Pirnische und Pragische Friedenspakten" S. 171.
[3]) An Axel Oxenstiern, Paris 31. Jan. und 5. Sept. 1636.

Wann er nach Paris übergesiedelt ist, lässt sich nicht genau
bestimmen; auf jeden Fall muss es vor 1634 geschehen sein,
denn in diesem Jahre bringt der Leipziger Messkatalog ¹) die
Anzeige: Tilemannus Stella, Bipontinus „Panegyricus eminen-
tissimus Cardinali Serenissimo Duci, Amando Joanni Plessiasco,
Richelii Toparchae", im Verlag des Hofbuchhändlers Sebastian
Cramoisy zu Paris. Durch diesen Panegyricus mag sich der
Deutsche, der übrigens seinen protestantischen Glauben ab-
schwur und den katholischen annahm, die Gunst und die Unterstützung des mächtigen Staatslenkers zugezogen haben und
mag von diesem zum Mitgliede der französischen Staatspubli-
cistengesellschaft erhoben worden sein. Die ihm aufgetragene
Schrift verfasste er in lateinischer Sprache und vollendete sie
am 30. Mai 1636, doch wählte er bei ihrer erst im Juli erfolgten Publication — das Privilegium des Königs, welches
dem Verleger S. Cramoisy den alleinigen Druck und Verkauf
der Dissertatio de pace Pragensi zusicherte, ist am 8. ebengenannten Monats ausgestellt — das gräcisirte Pseudonym
Asterius. Das Original ²) erschien in Folio, die zweite Pariser
Auflage noch 1636 in Quart, die dritte, in das Französische
unter dem Titel übersetzt: Discours sur le traité de Prague
fait entre l'Empereur et le Duc de Saxe 1635, dans lequel est
representé la simplicité des Saxons, 1637 in Octav. Uns standen nur zwei, wie es scheint, zu Amsterdam von Petrus Jacobi
(Vingette Gorgonenhaupt) verlegte Nachdrucke zur Verfügung,
deren Titel folgendermassen lauten:

Deploratio ¹ pacis Germanicae | sive dissertatio | de |
pace Pragensi, | tam infauste quam injuste inita Pragae
Bohemo | rum $\frac{20.}{30.}$ Maj. MDCXXXV. | In qua artes et
technae Austriacorum, voecordia Saxonum, | pericula Pro-
testantium, et aequitas belli a Francis et | Succis jure pro-
lati evidentissime ostenditur, | Authore Justo Asterio J.
Cto | Jerem, VI, § 14 u. VIII, § 11 Sanabant contritiones
populi mei | ad ignominiam dicentes, Pax, pax: et non

¹) Leipziger Messkatalog von Gottfried Gross.
²) Das Bibliographische zum Theil nach Notizen, die sich in
einem Exemplar der Ponickauischen Bibliothek zu Halle befinden.

erat pax. | Juxta Exemplar | Lutetiae Parisiorum | Sumptibus Sebastiani Cramoisy, Typographi regii | ordinarii, via Jacobaea, sub Ciconiis [1]), MDCXXXVI. | Cum privilegio Regis. 4 Bl. u. 47 S., 4 Bl. u. 56 S. IV. Zwei deutsche Uebersetzungen können erst später berücksichtigt werden.

Stella hat seine Schrift in einer pomphaften Vorrede Ludwig XIII. gewidmet, und während er diesen als den Vorfechter nicht bloss der deutschen, sondern auch der europäischen Freiheit preist, hat er für den Prager Frieden das fürderhin beliebte [2]) Distichon verfertigt:

Praga atrox orbi, quae protulit impia bellum [3]),
Quo pacto pacem redderet illa bonam?

Sein Werk zeugt von einer grossen publicistischen Gewandtheit, die freilich vor den gröbsten Verstössen gegen die Wahrheit nicht zurückscheut [4]), und erfreut durch eine scharfe Disposition, wie durch eine elegante und schwunghafte Sprache. Er geht von der Ansicht aus, dass der Prager Friede nicht den Krieg beseitige, sondern von Neuem anfache, durch ihn sollten nur die universalmonarchischen Pläne des Hauses Habsburg verwirklicht werden und habe der Kaiser, um Deutschland sowohl wie die ausländischen Staaten ungestört unterjochen zu können, die einzelnen Kurfürsten durch Befriedigung ihrer Privatinteressen gewonnen. Wie werthlos und wie nichtig der ganze Friede sei, weist Stella geschickt in Bezug auf alle Interessenten nach, nämlich den Kaiser, den sächsischen Kurfürsten, die Protestanten, den schwedischen, endlich den französischen Staat, und nach diesem Gesichtspunkt hat er auch seine Schrift in fünf Theile getheilt.

Für den Kaiser sei der Friede ohne Werth, weil er sich auf den dem Hause Oesterreich ungültigen Passauer Vertrag

----

[1]) Der Ausdruck bedeutet: In dem Hause zu den Störchen (letztere mögen das Wappen der Cramoisy gebildet haben).

[2]) Oldenburger: Annotationes ad Instr. Pac. West. S. 130.

[3]) Anspielung auf den Hussitenkrieg.

[4]) Stella behauptet z. B., der Kurfürst von Sachsen hätte die Stände in Heilbronn und Frankfurt zur eifrigen Fortsetzung des Krieges ermahnt, und dem Landgrafen Georg von Lüneburg wäre im Prager Frieden das Herzogthum Braunschweig zuerkannt worden.

stütze, geistliche Güter, über die den Kaisern nach ihrem eignen Geständniss keine Competenz zustünde, den Ketzern über-
lasse, das Edikt des Jahres 1629 aufhebe — eine Ansicht, mit
der Stella ganz allein steht — und, weil kein Kaiser sich
durch einen Vertrag mit den Ketzern gebunden fühle, was ja
Ferdinand II. durch sein Verfahren gegen die Steiermärker bewiesen habe. — Ebenso sei er auch von Seiten des Kurfürsten
nichtig, der ihn ohne jede gesetzliche Autorität für andere Stände
abgeschlossen und nicht nur die Freiheit Deutschlands dem
Belieben des Kaisers, sondern auch die evangelische Confession
den Katholiken geopfert habe. — Die Protestanten müssten
ihn verwerfen, denn er drücke und schwäche sie durch die
Auferlegung fortlaufender Steuern, die für ein Heer verwandt
werden sollten, das grösser als die von ganz Europa ausge-
rüsteten Türkenheere sein werde; er verwandle gewaltsam das
Wahlreich Böhmen in ein österreichisches Erbland, trenne von
diesem unrechtmässig die Lausitz — wiederum eine Ansicht,
die sich nur in der Deploratio findet —, beraube die unschul-
digen Schlesier ihrer Religions- und Staatsprivilegien, und über-
trage die dem verstorbenen Friedrich ohne jedes Recht ent-
rissene Kurwürde an Maximilian von Baiern. Grade dieser
Theil der Deploratio bietet die besten Beispiele für die seitens
der Prager Friedenspublicistik erfolgten Wiederaufnahme von
Fragen, die schon in frühern Perioden jener Zeit die öffentliche Meinung beschäftigt hatten, so lässt sie sich des Längern
über die Geschichte Böhmens aus, um dessen Charakter als
Wahlkönigreich nachzuweisen, so auch über die Geschichte
des wittelbachischen Hauses, um die Ansprüche der bairischen
Linie auf die Kur, wie sie die Anhaltische Canzlei (Fabius
Hercynianus) erhoben hatte, in ihrer vollen Ungültigkeit darzuthun. — Da Schweden einen directen Krieg mit dem Kaiser
und der Liga geführt habe, müsse es mit ihnen auch direct
Frieden schliessen, den Prager Frieden aber könne es nicht
annehmen, denn er fordere von ihm einen treulosen Verrath
an den Bundesgenossen und den Verzicht auf alle eroberten
Länder, eine ganz lächerliche Forderung, wenn man bedenke,
dass Schweden mit der Zurückziehung seiner Truppen aus Deutschland nur den unvergänglichen Hass des Hauses Habsburg als

Kriegstrophäe davontragen werde. — Frankreich aber, und hiermit kommt Stella zum Kernpunkt seiner Schrift, dürfe Lothringens und Triers wegen und aus Rücksicht auf die seinem König zugeschleuderte Beschuldigung, er habe dem Interesse der katholischen Kirche geschadet, sich nicht zum Prager Frieden bekennen. Der Verfasser entwirft hier ein lügenhaftes, echt chauvinistisches Bild der Geschichte und Politik Frankreichs: nicht allein 1620 soll Ludwig XIII. durch Sprengung der Union auf dem Ulmer Convent und durch die Beruhigung der kriegslustigen Fürsten von Siebenbürgen das Haus Oesterreich auf dessen inständiges Ersuchen vom sichern Untergang bewahrt, sondern auch 1630/31 einzig und allein die katholische Religion vor der gänzlichen Unterdrückung durch die Schweden gerettet, und durch den Schutz, den er einzelnen katholischen Ständen Deutschlands zu Theil werden liess, lediglich die Rechte des deutschen Reichs gewahrt haben. Anstatt ihm nun für alle diese Wohlthaten dankbar zu sein, werde ihm jetzt vom Kaiser und von den deutschen Fürsten der Krieg erklärt und zwar der Lothringischen Verhältnisse halber, um die sich doch weder der Kaiser noch das Reich zu bekümmern habe. In der Deploratio nämlich macht Frankreich nicht bloss Ansprüche auf Lothringen, sondern auch auf das Erzbisthum Trier, und begründet diese, indem es sich für den legitimen Erben des alten Frankenreichs erklärt; aber damit noch nicht zufrieden, fordert es auch ein Austrasien, dessen Begrenzung die Broschüre freilich nicht andeutet, doch können wir immerhin unter demselben das ganze linksrheinische Land verstehen. Mag nun auch die Forderung Lothringens nicht allzusehr gegen die selbst unter den Deutschen herrschende, politische Auffassung verstossen haben [1]), auf jeden Fall ist der Anspruch auf das Kurfürstenthum Trier auch für jene Zeit unerhört und zugleich ein Beweis für die Eroberungspolitik der französischen Regierung. Wie diese aber ferner

---

[1]) Chemnitz IV. 4 B., 148 erzählt bei Gelegenheit des Westfälischen Friedenscongresses, dass sogar nach Ansicht katholischer Stände der Herzog von Lothringen ein absoluter, weder von Frankreich, noch vom deutschen Reich abhängiger Fürst wäre.

ihr Ziel, Erweiterung Frankreichs auf Kosten des deutschen
Reichs, zu erreichen hoffte, erkennt man aus dem in der „Deploratio" offen ausgesprochenen Grundsatz, dass die französischen Könige das Recht hätten, die deutsche Libertaet gegen
die Uebergriffe der habsburgischen Kaiser zu schützen.
Man sieht, die „Deploratio" gewährt einen vollständigen
Einblick in die politischen Absichten des Staates, welchen sie
vertritt; nach dem von ihr gegebenen Muster aber konnten
alle Reunionen Frankreichs gerechtfertigt oder vielmehr beschö-
nigt werden.

Sie ist mit ihren 7 Auflagen die gelesenste aller gleichzeitigen Broschüren, auch ist keine andere sowie sie in drei
Sprachen, der lateinischen, der französischen und der deutschen gedruckt worden. Der Titel des einen deutschen Druckes
lautet:

Klage | über den zwischen dem römischen | Kaiser |
Ferdinand II. und | Churfürsten Johann Georgen zu Sach- |
sen etc. den $\frac{20.}{30.}$ May Anno 1635 zu Praag | in Böhmen
aufgerichteten Vertrag und | vermeinten Frieden. | Erstlich
in Lateinischer Sprach gestellet durch Justum Asterium,
der Rechten Doktorn. | Nachgehends in das Frantzösische,
Jetzo aber in das Teutsche übersetzt, und an etlichen |
Oertern gebessert | durch | Reinmund Habrecht von | Frey-
burg im Waarland. | Jerem. cap. 6, v. 14 u. cap. 8, v. 11,
12 Sie sagen Friede, Friede | und ist doch nicht Friede,
darumb werden sie mit schanden beste | hen, dass sie
solche Greuel treiben. | Gedruckt im Jahr Christi 1638.
90 S. IV.

Zweifelsohne stand dem pseudonymen „Reinmund Hab-
recht" — einem Protestanten der Confession nach[1]) — die
„Deploratio" viel zu hoch an Werth, als dass er sie nicht der
grossen Masse der deutschen Nation durch eine Uebertragung
hätte zugänglich machen sollen. Diese ist ganz lesbar, bei
weitem besser wie der „Vortrab"; auch finden sich in ihr eine
ganze Menge neuer, sehr treffender Bemerkungen, die Anklage-

---

[1]) Für die „haeretici" der „Deploratio" sagt der Uebersetzer
„Religionsverwandte."

material gegen Ferdinand II. und den Kurfürsten Johann Georg bieten, während sie Schwedens und Frankreichs Thaten und Politik verherrlichen.

Ausser der „Klage" soll von der „Deploratio" noch eine andere deutsche Ausgabe in Octavformat erschienen sein und zwar 1669 zu Bautzen [1]). Die Bemühungen um ein Exemplar blieben unbelohnt, und kann hier nur die Vermuthung ausgesprochen werden, dass die im sächsischen Gebiet verfertigte Auflage an den Ausführungen der französischen Staatsschrift die gefahrdrohende Politik unsres Nachbarreiches nachgewiesen hat, dessen Uebergriffe im Jahre 1669 durch den von der Triplealliianz erzwungenen Aachener Frieden zurückgewiesen waren. Zu dieser Hypothese gab ausser der auffallenden Jahreszahl die Notiz Veranlassung, die Ausgabe wäre sehr verstümmelt gewesen.

Stella wurde durch seine „Deploratio" eine bekannte Persönlichkeit, der Pariser Hof wandte ihm seine Gunst zu, auch die Vertreter auswärtiger Staaten, wie Hugo Grotius, traten ihm näher. Diese benachrichtigten ihre Regierungen über den Autor und sein Werk. Seit der Publication desselben hatte sich der politische Horizont Frankreichs sehr verdüstert, die Kaiserlichen hatten alle Rheinpässe bis auf Strassburg in ihre Gewalt bekommen, und auch dieses drohte zu capituliren; die im Norden angesammelten Kriegsschaaren fielen August 1636 unter Führung des gefürchteten Johann von Werth in Frankreich ein und verbreiteten panischen Schrecken, einen Moment schien selbst Paris gefährdet. Die Gefahr verzog sich freilich, dagegen musste sie sich im Osten um so drohender erheben, seitdem der König von Ungarn ein heftiges Kriegsmanifest, das Ludwig XIII. den allgemeinen Friedensstörer nannte [2]), erlassen hatte, seitdem der Habsburger in Regensburg zum römischen König gewählt und gekrönt worden war. Durch diese Wahl hatte der Kaiser Ferdinand seinem Geschlecht die Nachfolge im Reich gesichert, und dass er dies erst 1636 und nicht schon 1630

---

[1]) Placcius II, 82.
[2]) Chem. III, 1 B. 45.

erreichte, war zum grossen Theil den Intriguen der französischen Regierung zu verdanken. Diese musste sich in ihrer Politik durch den neuen Vortheil, den das Haus Habsburg errungen hatte, auf das empfindlichste berührt fühlen, und sie handelte nur consequent, wenn sie nach ihrer Polemik gegen den Prager Frieden auch die Regensburger Wahl publicistisch angreifen liess. Mit einem dahinzielenden Auftrag wurde Februar 1637 der geschickte Bekämpfer des Prager Friedens betraut, und Pater Joseph theilte ihm aus seiner eignen Erfahrung wichtiges Material mit, so das Hauptargument gegen die Wahl, was der Pater — vielleicht bei Gelegenheit des Regensburger Reichstags von 1630 — von Maximilian gehört hatte: dass der römische König, anders wie der Kaiser, einstimmig von den Kurfürsten gewählt werden müsste, weil seine Würde eine ausserordentliche wäre. Ein ruhig denkender Politiker wie Hugo Grotius fand den von der französischen Regierung geplanten Protest nicht bloss überflüssig, sondern auch gefährlich[1]); längere Zeit glaubte er gar nicht an die Ausführung, bis er im Mai eines andern belehrt wurde; in diesen Monat müssen wir nämlich das Erscheinen setzen des:

Examen | Comitiorum | Ratisbonensium | sive | Disquisitio Politica | de nupera Electione novissimi Regis | Romanorum. | In qua perspicue ostenditur, neque Conventum Electoralem | Ratisbonae rite institutum, neque designationem Regis | Romanorum legitime celebratam esse. | Authore Justo Asterio, J. C^to | Iudic. IX, § 15 | Rhamnus reliquas arbores in Parabola Jotham, | Si vere elegistis me Regem, venite et sub umbra mea requiescite; si autem non | vultis, egrediatur ignis de Rhamno, et devoret cedros Libani. | Juxta Exemplar | Hanoviae, | Apud Eleutherium Meinhardum, | 1637. | Cum privilegio veritatis.

79 S. IV. Das hier citirte Exemplar kann nur eine Copie sein, das Warum? besagen die Worte: Juxta Exemplar.

Stella hatte sein Pseudonym Justus Asterius beibehalten, dagegen auf Befehl der französischen Regierung als Verlagsort nicht Paris, ja nicht einmal eine andere französische Stadt,

---

[1]) Hugo Grotius an Axel Oxenstiern 12. Febr. 1637.

sondern Hanau genannt, um über den Ursprung irre zu leiten. Der Hauptinhalt der Schrift[1]), auf die nicht näher eingegangen werden braucht, beruht in den Worten: Conventum Ratisbonensem neque legitime indictum aut rite celebratum, neque electionem Regis Romanorum modo et jure debito inceptam, tractatam vel peractam fuisse, und hat Stella mit seiner Nichtigkeitserklärung der Regensburger Wahl und Krönung noch für lange Zeit auf die französische Diplomatie eingewirkt.[2]) Für unsere Aufgabe ist von Wichtigkeit die Ansicht des „Examen", der Kaiser habe 1635 dem Reich nicht einen Frieden, sondern einen König gegeben — denn, dass die Wahl seines Sohnes in einem geheimen Artikel des Prager Friedens stipulirt und von den Kurfürsten, die sammt und sonders bestochen seien, angenommen sei, wisse jeder vernünftige Mensch —, ist von Wichtigkeit die Thatsache, dass das „Examen" ein Vorläufer der Dissertatio ist.[3])

Der Eindruck, den es auf die öffentliche Meinung machte, war ein so gewaltiger, dass der Sekretair des Mainzer Kurfürsten, Peter Ostermann, auf Befehl des Freiherrn von Reck,

---

[1]) Die Memoiren Richelieus (T. IX) ziehen mit den Gründen, oft auch mit den Worten des „Examen" gegen die Wahl Ferdinands zu Felde und machen aus diesem Protest eine besondere, schon durch ihre Länge — 12 S. — auffallende Episode. Diese hat also entweder Stella selbst verfasst, oder ein anderer hat sie wenigstens aus dessen Schrift copirt.

[2]) Als im Jahre 1641 zu Hamburg die Praeliminarien für den Friedenscongress zu Münster-Osnabrück getroffen wurden, verweigerten die französischen Bevollmächtigten Ferdinand III den Kaisertitel und gaben ihm nur den eines Koenigs von Ungarn (Chem. IV, 1 B. 76).

[3]) Das „Examen" wie die Dissertatio datiren den Verfall des römischen Reichs seit der Regierung der habsburgischen Kaiser, die Italien verkauft und den „Orient" aufgegeben hätten. Hier wie dort haben diese unrechtmässig die Erblichkeit der Kaiserwürde an sich gerissen und hier wie dort richtet sich die grösste Erbitterung gegen Ferdinand II. Auch sprechen beide Schriften dem pfälzischen Kurfürsten das Richteramt über den Kaiser zu. Die schmähliche Anklage freilich, das Haus Habsburg hat „elocatione filiarum" das Reich erkauft, ist nur Eigenthum des „Examen."

7*

Präsidenten des kaiserlichen Hofgerichts, eine Entgegnung verfassen musste [1].

Schon vor der Publication des „Examen" hatte die französische Regierung Stella die ehrenvolle Aufgabe zugedacht [2]), den Grafen d'Avaux durch seine Kenntniss der deutschen Sprache und Verhältnisse bei dem vom Papst projektirten Kölner Friedenscongress zu unterstützen. Wie bekannt kam der Congress nicht zu Stande, und Stella konnte sich also damals nicht seine diplomatischen Sporen verdienen. Der Januar 1640 fand ihn in Breisach, wo er die Papiere der Stadt und Umgegend zu ordnen hatte. Darauf wurde er zu sehr wichtigen diplomatischen Unterhandlungen benutzt. Frankreich hatte den Plan Baiern zu neutralisiren nie fallen lassen; wie es den Anschein hat, musste grade deshalb Stella im strengsten Incognito 1641 eine Reise nach Regensburg zum Kurfürsten Maximilian unternehmen. [3]) Er wird sich durch seine Thätigkeit in hohem Masse bei seiner Regierung insinuirt haben, denn im folgenden Jahr soll er im Geheimen mit einem bairischen Minister in der Schweiz verhandelt haben, bei welcher Gelegenheit er keine geringere Offerte für Maximilian anzubringen hatte als die römische Königskrone [4]). Und in der That es eignete sich kein Mann so gut dazu diese Würde dem Hause Habsburg auf diplomatischem Wege zu entreissen wie Stella, der sie ihm schon auf publicistischem Gebiet streitig gemacht hatte. Am Ende des Krieges vertrat er in der Stellung eines Residenten zu Strassburg die Interessen Ludwig XIV. Dort schärfte er noch einmal seine Feder gegen das Haus Oesterreich, indem er 1649 anonym ein Buch: Monarchia Gallia herausgab, für das allein die Behauptung, den Königen von Frankreich komme wegen ihrer Abstammung vom Frankenkönig Pharamund die Kaiserwürde zu, charakteristisch genug ist [5]). Weiter führen die Angaben über

---

[1]) Diese voluminöse, etwas weitschweifige Gegenschrift erschien 1640 unter dem Titel: „Justus *Ρωμαῖο-βασιλικὸς στέφανος*" in Quart.

[2]) Hugo Grotius an Ludwig Camerarius, Paris den 30. April u. 19. Mai 1637.

[3]) Chemnitz (IV, 1 B. 28) führt Stella derartig ein, als ob er schon an einer früheren Stelle von ihm berichtet habe, jedenfalls in einem der verlorengegangenen Bücher.

[4]) Chem. IV, 2 B. 134.   [5]) Joh. Dekherrus: de scriptis adespotis.

die äusseren Lebensumstände Stellas nicht, eines Mannes, dessen
hohe Bildung selbst einem Hugo Grotius Achtung abzwang.
Er hat Liebe und Hass geerntet, Hass von Seiten der
kaiserlich gesinnten Deutschen, welche anspielend auf seinen
Namen ihn einen „stella erratica" nannten [1]; Liebe von den
Franzosen, die in ihm ihren guten Stern sahen und dankbar
sangen:

Stella Bipontina est Gallorum provida Stella;
Qua praeeunte lucent omnes in Imperio. [2]

Stella sowohl wie Chemnitz haben ausser heftigen Angriffen
gegen das Haus Oesterreich zwei in ihrer Art ausgezeichnete
Schriften gegen den Prager Frieden verfasst, der eine im Dienst
Frankreichs, der andere in dem Schwedens; beide waren von
Geburt und Bildung Deutsche, und beide erfreuten sich einer
grossen Beliebtheit in ihrem Adoptivvaterlande. Zwar waren die
zerfahrenen politischen und religiösen Verhältnisse unsres Vaterlandes mit daran schuld, wenn tüchtige Kräfte desselben, anstatt zu seinem Heil und Wohlergehen zu wirken, sich gegen
dasselbe wandten, wenn Deutsche, anstatt die publicistischen
Vorfechter ihrer Nation zu sein, ihre Feder den Fremden
liehen. Aber die Hauptschuld bleibt immer auf den Betreffenden lasten. Chemnitz und Stella haben beide gefehlt, desswegen jedoch darf jener diesem nicht gleichgestellt werden,
denn er wurde durch seine ganze Lebenslage, durch seinen
Glauben in die Arme Schwedens getrieben. Er handelte durch
Aufstellung einer den Ausländern günstigen Ratio Status gegen
das Interesse seines Vaterlandes und wird deshalb auch stets
mit Recht getadelt werden, später aber schwang er sich, der
einstige heftige Publicist, zu einem ausgezeichneten Geschichts-
schreiber empor. Wie anders Stella! Warum er Deutschland
den Rücken kehrte, ist nicht überliefert; er trat in den Dienst
Frankreichs und scheint um dieses Dienstes willen seinen er-
erbten Glauben abgeschworen zu haben. Er sprach mit
sophistischen Gründen seines Vaterlandes Eigenthum Frankreich
zu, ja er sündigte nicht nur mit seiner Feder, auch mit seiner

---

[1] „Justus Ῥωμαῖο-βασιλικὸς στέφανος."
[2] Joh. Dekherrus: de scriptis adespotis.

gewandten Zunge suchte er politische Verwicklungen seines Vaterlandes zu Gunsten Frankreichs herbeizuführen. Sein Aufenthalt zu Strassburg deutet in ominöser Weise auf den Verlust dieser Reichsstadt hin. Der zweite Theil des auf Stella geschmiedeten Distichons enthält eine gewisse poetische Hyperbel, denn abgesehen von dem schon erwähnten „Justus *Ῥωμαῖο — βασιλικὸς στέφανος*" kennen wir nur noch eine Entgegnung auf seine „Deploratio" [1].

Im Jahr 1638 nämlich erschien zu Antwerpen ein dem Cardinallegaten Ginetti gewidmetes lateinisches Buch:
Iliatus Jacobi Çassani obstructus etc. 12°,
dessen Verfasser der Antwerpner Probst und Archidiaconus Franz Zypaeus war. Es wurde von dem Büchercensor sehr gerühmt, und der Verleger erhielt das Privilegium des alleinigen Verkaufs, welches der geheime Rath zu Brüssel im Namen Philipps IV., Königs von Spanien, ausstellte. Dieses von der spanischen Regierung so protegirte Werk, das 1640 eine zweite

---

[1] Placcius II, 82 erklärt die „Gegründete Ablehnung" für eine Gegenschrift der „Deploratio". Allerdings finden sich etliche Epitheta, welche Ausländer laut der sächsischen Broschüre dem Prager Frieden verliehen hatten wie pax propudiosa, infida, inhonesta auch in der französischen, aber auf Grund solcher allgemeinen Bemerkungen in der ersten eine Widerlegung der zweiten zu sehen ist doch etwas zu kühn; höchstens könnte man sagen, da jene Beiwörter sich am Ende der „Gegründeten Ablehnung" befinden: der sächsische Publicist hat am Schluss seiner Arbeit Notiz von der „Deploratio" genommen. Jetzt, wo die Inhaltsangabe beider hinter uns liegt, kann darauf hingewiesen werden, wie verschieden der Aufbau, und wie verschieden das Gebiet ist, auf dem sie sich bewegen. Und dieses musste doch ein und dasselbe sein, falls die eine die Gründe der andern zu Nichte machen wollte. Um den Hauptzweck der „Deploratio", die Stellung Frankreichs zum Frieden und dessen Ansprüche auf deutsches Gebiet, bekümmert sich die „Gegründete Ablehnung" gar nicht, in ihr spielen nur interne deutsche Fragen und schliesslich die Haltung des Friedens gegen Schweden eine Rolle. Wie soll also diese eine Gegenschrift jener sein! Endlich sprechen auch die Worte des gleichzeitigen sächsischen „Clypeus adversus tela obtrectatorum": Die lärmbläserische Deploratio ist praeoccupando widerlegt zu finden in der Gegründeten Ablehnung, sehr deutlich gegen die Ansicht von Placcius.

Auflage erlebte, war hervorgerufen worden durch ein höchst anspruchsvolles Buch eines französischen Rathes und Advocaten, Namens Jacobus Cassanus[1]): La recherche des droits du Roy et de la Couronne de France sur les Royaumes, Duchez, Comtez, villes et pais occupez par les Princes estrangers appartenans aux Roys tres-chrestiens par conquestes, successions, achapts, donations et autres tiltres legitimes ensemble de leur droits sur l'Empire, nach dessen Namen der Niederländer auch seine Gegenschrift betitelt hatte. Diese wendet sich in einem ihrer Capitel — ihr sonstiger Inhalt liegt ausserhalb unseres Themas — gegen die „Deploratio" und gegen die „Epistola Germani illustris", doch kennt sie deren eigentliche Verfasser nicht. Ihre Widerlegung hat sie vollständig nach der Disposition der „Deploratio" geordnet und erklärt sie daher zuvörderst, dass von einem Unwerth des Prager Friedens seitens des Kaisers und des sächsischen Kurfürsten nicht die Rede sein könne, denn jener dürfe nach dem Geständniss des Papstes sowohl über geistliche Güter verfügen wie in Religionssachen entscheiden, dieser aber könne jedes Bündniss, was gegen die Interessen seines Landes sei, ohne weiteres aufheben und auch für die abwesenden evangelischen Stände einen Frieden schliessen, die katholischen seien ja auch nicht bei den Verhandlungen betheiligt gewesen. Der Prager Friede, setzt ihr Verfasser im Gegensatz zu dem dritten Theil der „Deploratio" auseinander, ist den Protestanten genehm, wie hätte ihn sonst die Mehrzahl derselben acceptirt! Einzelne freilich mussten bestraft werden, so die Böhmen und die Schlesier, die zur Strafe für ihre Rebellion ihre Privilegien einbüssten, so das pfälzische Geschlecht, dem die Kurwürde wegen des Angriffs auf kaiserliches Land mit Recht entzogen wurde; Maximilian aber konnte um so eher

---

[1]) Dadurch dass Cassanus den Kurfürsten von Trier souverain nannte, erhob er für die deutschen Reichsstände den Anspruch auf volle Landeshoheit. Demnach ist es nicht die französische Proposition zum Westfälischen Frieden, welche zum ersten Mal den Begriff Souverainität auf deutsche Reichsstände anwendet, wie Weber (Sybel: Hist. Zeitsch. 29 B. 306) behauptet, sondern jedenfalls Cassanus. Freilich ist auch in diesem Falle die souveraine deutsche Fürstenhoheit französischen Ursprungs.

mit ihr bekleidet werden, da Baiern und Pfälzer einem Geschlecht entstammen. Nachdem darauf Zypaeus den Schweden gerathen hat mit dem Kaiser in direkte Unterhandlungen zu treten, weil sie einen direkten Krieg gegen denselben geführt haben wollten, und sie darauf aufmerksam gemacht hat, dass sie durch ihre Verwüstung deutscher Länder nur die „racheschnaubenden Römischen Adler" über das baltische Meer locken würden, richtet er sich gegen die Ausführungen der „Deploratio" über Frankreich. Ludwig XIII. habe die katholische Confession in Deutschland lediglich durch Vertreibung von Bischöfen und München, durch Zerstörung von Kirchen und Klöstern erhalten, er habe Bündnisse mit deutschen Fürsten geschlossen, angeblich um ihre Libertaet zu schützen, und bedenke nicht, dass ein gegen ihn gerichteter Bund in seinem Lande — und das werde doch nach der Behauptung des Asterius von einem Volke bewohnt, dessen Name schon Freiheit athme — Rebellion heisse. Er habe Trier und Lothringen beansprucht, trotzdem dieses von dem Pariser Parlament für nicht zu Frankreich gehörig erklärt sei, und jenes dem König von Spanien, dem jetzigen Grafen von Luxemburg, gehöre. Ganze deutsche Territorien habe er mit Gewalt der Waffen an sich gerissen, die Schweden zum Kriege gereizt, den Spaniern ihn angekündigt, kurz überall sei er der Friedensstörer gewesen. Hunc „excludere est pacem firmare, omnis interitus est a contrario." Wir müssen gestehen, dass Zypaeus sich als einen nicht zu unterschätzenden Gegner Stellas gezeigt hat, und können es nur bedauern, dass es kein Deutscher war, der so energisch wie er den französischen Publicisten angriff.

Er hat auch gegen die „Epistola" geschrieben und ihr unter anderm den Unterschied zwischen denen, die sich dem Antalcidischen, und denen, die sich dem Prager Frieden unterwerfen sollten, dargethan: die Griechen hätten unter einander ein und dieselbe Stellung gehabt, und hätten die Lacedämonier also ihren Stammesgenossen keine Vorschriften machen dürfen, anders der Kaiser und die deutschen Stände, diese wären die Vasallen des Reichs und hätten sich mit jenem im Frieden wieder versöhnt, wären demnach nur zu ihrer Pflicht zurückgekehrt. Beendigt hat er seine Auseinandersetzungen mit einer

etwas kühnen Lobrede auf den zu Prag geschlossenen deutschen Universalfrieden, erwartet hat er einen europäischen
Frieden von dem Kölner Congress, aber diese Erwartung hat
ihn nebst allen Gesinnungsgenossen betrogen.

Der Prager Friede hat auch unter den deutschen Publicisten Vertheidiger gefunden, doch halten deren Schriften,
wenigstens theilweise, keinen Vergleich mit den Angriffsbroschüren des Friedens aus, meist sind sie anonym oder pseudonym
geschrieben, und es fehlt selbst an der geringsten Notiz, die
uns Aufschluss über die Ursachen verschaffen könnte, aus
denen die einzelnen Flugschriften publicirt wurden. Vergebliche
Mühe ist es, sie mit einander in einen pragmatischen Zusammenhang bringen zu wollen. Höchstens, dass man sie in solche
sondert, welche die deutschen Anhänger Schwedens und Frankreichs — nach damaligem Sprachgebrauch die „Favoriten",
„Affektionnirten" oder „Adhaerenten" — über das unpatriotische
ihrer Handlungsweise aufzuklären suchen, und in solche, welche
den Krieg der ausländischen Staaten nach dem Abschluss des
Friedens als ungerechtfertigt darstellen. Sie zeichnen sich
sämmtlich durch einen hohen Patriotismus aus, und fast ge-
winnt es den Anschein, als ob das Schicksal dem entnationali-
sirten Deutschland nationale Publicisten habe geben wollen.
Ihnen liegt sammt und sonders in erster Linie der Protest
gegen das Treiben der Ausländer und deren Anhänger am
Herzen, die Vertheidigung der Prager Friedensbestimmungen
tritt bei allen zurück, ja kommt bei einzelnen überhaupt nicht
zur Geltung, und darin liegt auch der Unterschied der noch
folgenden kursächsischen Broschüren von den „Vindiciae pac.
Prag." und der „Gegründeten Ablehnung", denen es vor allem
auf eine Rechtfertigung des Friedens ankam.

Deutscher freyer Soldat | das ist Erörterung der Fra-
gen | I | Ob ein gebohrner Deutscher im Kriege die | nen
und Rathen möge, wenn und wie er wolle, auch wider
sein eigen Vater | land. | II | Ob er solchen Dienst wieder
sein Vaterland, | durch einigerley Pflicht, Bündniss, oder
etwas entschuldigen könne. | Auf jetzigen Zustand des

deutzschen Reichs, gerichtet, und aus treuhertziger Wol-
mey | nung an Tag gegeben | durch | Salomon Hermann
von Teutschen Brodt. | Gedruckt im Jahr 1636.
16 Bl. IV.

Der pseudonyme Verfasser erinnert an die Macht des
deutschen Reichs, an die Majestät des Kaisers und die Reichsverfassung, um die deutschen Anhänger der ausländischen
Staaten zur Pflicht gegen ihr Vaterland zurückzurufen, und
zeigt an der Vertreibung Albrechts von Meklenburg durch die
Schweden 1397, wie sehr alle andern Verpflichtungen vor dem
Heil des Vaterlandes zurückstehen müssen. Sein Werk spricht
von löblicher nationaler Gesinnung, aber nicht von publicistischer
Gewandtheit.

Der Teutsche | Brutus. | Das ist | : Ein abgeworffenes |
Schreiben, woraus zu sehen was die Schwedisch-af | fectio-
nirten anjetzo von den schwedischen Kriegswesen hal |
ten, und ein gewisse anzeigung, wo es endlich | hienaus
werde. | Gedruckt im 1636 Jahre.
4 Bl. IV. Ein zweiter Druck auch 4 Bl., zwei andere typo-
graphisch abweichende je 8 Bl. IV.

Der „deutsche Brutus" mag zu Frankfurt a/Main erschienen sein, wenigstens weist die Vignette (fliegender Merkur)
auf die dortige Verlagshandlung der Latomus. Sein Verfasser
sprach offen aus: „das deutsche Reich muss die fremden Aerzte
los werden", unter der Zahl derer aber, die stets gegen die
Fremden in Waffen standen, ist er nicht zu suchen. Für
Gustav Adolph hegte er eine hohe Verehrung und diese über-
trug er auch auf dessen Geschlecht. Seiner Ansicht nach
missgönnte Niemand den Schweden die durch den Krieg ge-
wonnene Beute, und wenn er diese Beute mit einem Krebs
verglich, „den sie sich angehenket, welchen man entweder aus
Nothzwang jetzo aufschneiden oder mit unerträglichem Gelde
täglich sättigen muss" und weiter erklärte, „das letzte vermögen
wir nicht, das erste gönnen wir euch nicht, können es aber
nicht wehren", so drückte er deutlich genug seine noch nicht
ganz erstorbene Sympathie für die Schweden aus. Er mag
also zu jenen Mitgliedern des Heilbronner Convents, die sich
durch den Prager Frieden mit dem Kaiser wieder ausgesöhnt

hatten und auch eine Aussöhnung Schwedens mit diesem freu-
dig begrüsst haben würden, oder zu jenen Deutschen gehört
haben, „die sich wohl bewegen lassen gegen ihren Kaiser auf-
zustehen, aber keinen annehmen, der nicht ihrer Sprache und
Geburt ist" [1]. Seine politische Schwenkung machte ihn nicht
zu einem enthusiastischen Vertheidiger der antischwedischen
Partei, der Prager Friede war ihm eine „geheime absonderliche
Thathandlung", die freilich durch Ursachen bedingt wäre; seine
Worte „Hat das Haus Oesterreich missgethan, so wirds Gott
finden" klingen stark wie eine Anklage. Seine Flugschrift, in
Form eines Briefes, ist in einem für damalige Zeit gradezu
eleganten Deutsch geschrieben, kurze Sätze, eine von Sprach-
mengerei freie Diktion, und Lebendigkeit, hervorgerufen durch
den Gebrauch der zweiten Person, sind beachtenswerthe Eigen-
schaften; der Autor hat das Material leicht, lose, öfters auch
ungesichtet an einander gefügt. In dem ersten Theil der
Schrift sucht er einen „Schwedisch-Affektionnirten" über den
Zustand, in dem zweiten über den Ausgang des schwedischen
Kriegswesens aufzuklären.

Der traurige Zustand des schwedischen Heeres, lautet seine
Ansicht, ist nicht der Undankbarkeit der deutschen Nation,
nicht dem Prager Frieden, sondern den Schweden selbst zuzu-
schreiben. Sie haben sich die besten Freunde zu Feinden gemacht durch ihren Eigennutz, mit dem sie in Folge ihrer hohen
Ostseezölle Handel und Wandel verhindert, mit dem sie Ober-
deutschland durch Contributionen belästigt, mit dem sie trotz
all des erpressten Geldes weder den Soldaten den Sold ausge-
zahlt noch die Festungen verproviantirt haben. Eine zweite
Ursache zur Verfeindung Deutschlands liegt in dem Auftreten
Oxenstierns, der sich in seiner Prachtliebe und in seinem Stolz
über die Kurfürsten erhob, deren Würde doch königlich ist.
Eine dritte endlich in der Erkenntniss Johann Georgs, dass
das deutsche Reich Ruhe und Friede nöthig habe; wenn derselbe Unrecht gethan hat, so sind die Schweden nicht weniger

[1] Diese Worte enthalten den Schlüssel zu der Bezeichnung
„deutscher Brutus." Der Deutsche ist der Brutus geworden des ihm
früher befreundeten, jetzt aber gleich Julius Caesar auftretenden
Schweden.

durch ihre Thaten schuld. „Ihr schützt den Namen Freiheit und Evangelium vor, um wie die Türken zu leben und das Reich mit Skorpionen zu schlagen." Im zweiten Theil droht der Verfasser den Schweden mit der Rache Gottes und mit der Rache ihrer Nachbarn, wenn sie Deutschland noch fürderhin verwüsten wollten. Er spricht ihnen jedes Recht ab weiter Krieg zu führen, denn ihre Klagen keine Entschädigung für die Kriegskosten empfangen zu haben seien grundlos. „Sie haben aus ihrem Lande wohl Kupfer heraus, aber Silber und Gold hineingeführt. Schweden war vor diesem Kriege hölzern und mit Stroh gedeckt, nun ists steinern und prächtig zugerichtet." Da es sich nun Deutschland zum Feinde gemacht habe, die Last des Krieges aber nicht allein zu tragen vermöge, so müsse es mit dem Kaiser Frieden schliessen; wo nicht, werde es die Folgen seiner Kriegslust büssen müssen. Die Dienste einer solchen Nation, „mit der es übel abgehen wird", zu verlassen, räth der „deutsche Brutus" seinem Adressaten. Der Verfasser desselben schrieb auch gegen Frankreich, und da er behauptete „Frankreich wird der zerbrochne Rohrstab Egipti für die Deutschen werden", da er ahnungsvoll ausrief: „Mit den Franzosen wird Gott Deutschland strafen, denn wir haben deroselben Nation Affengeberd, Schlaffenkleider und leichtfertige Unart, täglich in Sitte, Ceremonien, Geberden, Gastmälern, Sprache und Kleidung sammt der Musik nachgeartet, wie soll es uns besser ergehen, als dass wir ihnen in die Hände fielen", so richtete er die schärfste Spitze seiner Schrift nicht wider Schweden, sondern wider Frankreich.

Die Schrift fand schnelle Verbreitung. Im Jahre 1638, zu einer Zeit, wo ihre unheilvolle Prophezeiung über das Ende des schwedischen Krieges von dem Geschick Lügen gestraft war, erschien eine Entgegnung des Titels: Bruti bruta vox et oraculum. [1] Ob diese jetzt noch existirt, ist zweifelhaft.

Deutsche | Treuhertzige Warnung | an alle und jede Deut | sche, Hohe und niedre Kriegsofficierer, | auch gemeine Soldaten zu Ross und Fuss, welche sich | annoch in Schwedischen Kriegsdiensten wider die Wohl | fahrt

---

[1] Gryphius: Script. Hist. saec. XVII. p. 130.

ihres Vaterlandes aufhalten; dass sie endtlich in | sich gehen, von Schwedischer Parthei abtreten, | und dadurch ihr liebes Vaterland zu Friede und | ruh befördern helffen mögen. | Gestelet und in Druck gegeben | Von | Jobst Camalino | Anno MDCXXXVII.
23 Bl. IV.

Die „Deutsche Warnung" ist eine officielle kurbrandenburgische Flugschrift, da sie sich ohne weiteres auf Akten des kurbrandenburgischen Archivs beruft [1]). Ihr Verfasser nennt sich Jobst Camalinus, doch lässt sich nicht ermitteln, ob es in Wirklichkeit einen Träger dieses Namens gegeben hat. Wir können über ihn nur sagen, dass er an dem Frankfurter Convent theilgenommen zu haben scheint [2]) und dass er ein klassisch gebildeter, schlagfertiger, leidenschaftlicher und zugleich satirischer Publicist gewesen ist.

Seine Schrift macht von Anfang bis zu Ende Front gegen Schweden, und dies ist um so mehr zu beachten, als im Jahre 1637 die schwedische Kriegsmacht ganz Norddeutschland beherrschte. Sie spricht aus, was bis dahin von der Publicistik verschwiegen war: „die Schweden wollen mit uns die Tragödie des Länderraubs spielen, nicht auf ihre süssen Worte, Schutz von deutscher Freiheit und Religion, sondern auf ihre Actiones habt gut Acht." Sie ist auch die einzige damalige Flugschrift, welche Gustav Adolph anzugreifen wagt, um den ihn umschwebenden Glorienschein politischer Uneigennützigkeit zu vernichten. An den Ausspruch, den der König nach seiner Ankunft in Deutschland gethan haben soll: Jacta est alea, transivimus Rubiconem, knüpft sie die Worte: „Wer will zweifeln, ob ihm nicht zugleich des Julii Caesaris Symbolum aut Caesar aut nihil in seinen Gedanken gewesen." Sie zeigt an Aussprüchen

---

[1]) „Wie solches die damalige (1630) eingekommene Relation bei dem Kurfürstl. Brandenburgischen Archiv nachweisen wird."

[2]) Er weiss über Details des Convents genau Bescheid, so berichtet er unter anderm, „dass ein kursächsischer Trompeter, der an Oxenstiern mit Friedensvorschlägen vom Kurfürsten Joh. Georg geschickt war, sechs Monate festgehalten worden ist, ehe er einigen Bescheid erhielt."

Gustav Adolphs[1]), dass Pommern das Ziel der schwedischen
Politik gewesen ist, und erklärt unter Hinweis auf den Frankfurter Convent, dass Oxenstiern die Politik seines Königs fort-
geführt habe. Unerbittlich zählt sie alle eigenmächtigen Ver-
fügungen Schwedens über deutsche Territorien auf, und ebenso
unerbittlich schleudert sie den Schweden, die sie wegen ihrer
Hoffart „die rechten septentrionalischen Spanier" nennt, die Anklage ins Gesicht, den Krieg zur Bereicherung ihrer eignen Arm-
seligkeit zu führen. „Die Schweden feiern die Deutschen nicht
um ihrer gelben Haare, sondern ihrer gelben Pfennige halber,
denn in ihrem Lande ist keine güldne und silberne Münze
übrig." Nachdem sie ähnlich dem „Deutschen Brutus" erwähnt
hat, wie der Handel Deutschlands durch enorme Zölle des
Reichskanzlers erdrückt sei, wie den vier obern Kreisen nicht
weniger als 25 Millionen Gold ausgepresst seien, die aber nicht
zur Besoldung des Heeres, sondern zum Transport nach Schweden verwandt seien, fährt sie fort: „Könntest Du des schwedischen Generalrentmeister Spirings Rechnungen nachsehen,
könntest Du es ohne Wehmuth nicht lesen, dass dem edlen
Deutschland gleichsam das Blut bis auf den äussersten Grund
ausgesogen." Den Schweden dienen heisst nach ihr die Freiheit des Vaterlandes um Geld verkaufen, und deren Partei-
gängern schiebt der Verfasser die Schuld für die Verödung und
Verwüstung Deutschlands zu, denn, sobald sie die schwedischen
Fahnen verliessen, würde Schweden nimmer zu weiterem Widerstand kräftig genug sein. Für ihre unpatriotische Handlungsweise könnten sie auch nicht die Bestimmungen des Prager
Friedens verantwortlich machen, wenngleich er eingestehe, dass
der Friede etwas besser für die Evangelischen hätte sein
müssen. Mit schwedischer Hülfe aber würden sie niemals
günstigere Bedingungen erlangen, weil die Schweden für die

[1]) „Gustav Adolph hat sich zu dem Kurf. Brandenb. Obersten,
damaligen Legato im Lager vor Nürnberg, Herrn Conrad von Burgs-
dorf mit dürren Worten vernehmen lassen, dass er die pommerschen
Lande zu restituiren nicht gemeint sei und sollte er auch hundert
Jahre darum Krieg führen, und wenn auch, wie er gegen den kurf.
Rath und Abgesandten Herrn Leuchtmarn gedacht, die Pferde bis
am Bauch im Blut stehen sollten.-

Region, nicht für die Religion, für das Schmalz, nicht für die
Pfalz kämpften, habe doch Gustav Adolph dem verstorbenen
Friedrich nicht eine Stadt restituirt, endlich nicht für eine
Generalamnestie, denn, wenn sie einmal Frieden schliessen wür-
den, um ihre deutschen Anhänger würden sie sich gewiss nicht
sorgen.

Welchen Effekt die „Deutsche Warnung" erzielt hat, kann
auch nicht einmal angedeutet werden; auffallend ist es entschieden, dass diese ausgezeichnete Broschüre nicht nachgedruckt
zu sein scheint.

Dankbarkeit | dess | Churfürsten zu Sachsen | gegen
Schweden. | Darinnen | Vier Fragen erlediget werden: |
1 Ob der Churfürst Undank begangen, dass er seinem |
Vater-Lande Teutscher Nation Friede zu wege | bringen
helfen, in abwesen dess Schwedischen | ReichsCantzlers
Herrn Axel Oxenstirns? | II Ob er im Pragischen Friedens-
Schluss der Kron | Schweden zum besten nichts bedinget
und also | Undanks schuldig? | III Ob er dadurch un-
dankbar, dass er den Schwedischen | Bedienten und Ihrem
Volk in Teutschland Wi | derstand thut? | IV Ob er
hierinn wider sein Christenthumb handele? | Zusammen-
getragen | : Durch Christoph Siegfrieden von Grünenwalde |
in SiebenBürgen. | Gedruckt im Jahre 1637.   .
     20 Bl. IV. Vier Drucke zu je 11, 12, 14 und 16 Bl. IV,
die Aenderungen des Titels sind geringfügiger Natur.

Der Verfasser führt sich unter dem Pseudonym „Christoph
Siegfried von Grünenwalde in Siebenbürgen" ein. Es ist zu bedauern, dass er uns seinen wahren Namen verschwiegen hat,
da seine „Dankbarkeit" die beste und daher auch vielgele-
seneste Vertheidigungsschrift vom kursächsischen Standpunkt
aus ist. Sie beschränkt sich zwar nur auf eine Rechtfertigung der sächsischen Politik gegen Schweden und auf
eine Zurückweisung der schwedischen Ansprüche, aber in
dieser Beschränkung ist sie auch von hohem Werth. Durch
eine ruhige und gewandte Diktion zeichnet sie sich vortheilhaft vor andern Flugschriften aus.

Dass die „Dankbarkeit" in einem direkten Gegensatz zu
dem Theil der Vind. steht, in welchem der Prager Friede als

unchristlich, treulos, undankbar dargestellt wurde, ergiebt schon
ihr Titel; ob dieser Gegensatz ein unbewusster und unbeab-
sichtigter ist, kann billiger Weise bezweifelt werden. Während
nämlich die schwedische Broschüre den Kurfürsten beim Einfall Tillys 1631 angsterfüllt „einen Kourier nach dem andern
auf Werben und vor Wittenberg spediren" lässt, um ein Bündniss mit Gustav Adolph zu erlangen, fühlt nach der Aussage
der sächsischen sich jener erst durch langes und inständiges
Drängen des Königs zu einem Vertrag veranlasst. Dort wird
die Flucht der Sachsen aus der Breitenfelder Schlacht sehr oft
und sehr spöttisch geschildert; hier wird sie mit ganz andern
Augen angesehen [1]), und doch war ihre Erwähnung für den
Zweck der Schrift durchaus unnöthig. Dort ist der Haupt-
beweis für die sächsische Undankbarkeit: Gustav Adolph hat
den Kurfürsten gerettet und für denselben sein Leben gelassen;
hier wird der Heldentod Gustav Adolphs für Kursachsen zwar
zugestanden, aber „das beruhet in Gottes Hand, der Kurfürst
hat auch sein Leben gewagt, daraus will erscheinen, was der
König gegen den Kurfürsten, das habe der Kurfürst gegen den
König mit Wagniss des Lebens, Zuschickung Volks, Abwendung
des Feindes wiederum gethan und wären einander zu gleich-
mässiger Dankbarkeit verbunden."

Die „Dankbarkeit" zerfällt in vier Theile. Im ersten legt
sie das Recht des Kurfürsten, den Prager Frieden auch ohne
Hinzuziehung Schwedens abschliessen zu können, durch Gründe
dar, wie: Gustav Adolph wollte fremde Potentaten nicht an
seinen Friedensunterhandlungen theilnehmen lassen, alle Verpflichtungen, die Johann Georg durch den Torgauer Vertrag
auf sich lud, sind durch den Tod des Königs erloschen. Der
schwedische Kanzler, argumentirt sie weiter, hätte keinen
bessern Frieden als der Kurfürst vom Kaiser erlangen können
weder durch Güte noch durch Gewalt; nicht durch Güte, weil

---

[1]) „Wie wohl nun bei solcher Schlacht des Kurfürsten Volk,
weil die meiste katholische Kriegsmacht auf dasselbe getroffen, anfangs in Unordnung gebracht, wollen doch viele dafür halten, wenn
solche Kriegsmacht ebengestalt auf das schwedische Volk getroffen,
so wäre es ihm gleich begegnet und es, wenn die Sächsischen nicht
wären dabei gewesen, geschlagen worden."

er ein Ausländer und erklärter Feind des Kaisers wäre, nicht durch Gewalt, weil im Jahre 1634 die schwedische Kriegsmacht zu Boden geschmettert und der Kanzler selbst vor den Kaiserlichen über Frankreich und die Niederlande geflohen wäre. Sage man, der Abschluss des Friedens hätte bis auf die Schlacht von Wittstock aufgeschoben werden müssen, so sei zu bedenken, dass Johann Georg als Kurfürst verpflichtet wäre seinem Vaterlande Ruhe zu verschaffen, und dass durch den Sieg der Schweden die nieder- wie obersächsischen Stände noch mehr geschädigt wären. Im zweiten Theil beweist sie, dass der Friedensschluss kein Akt der Undankbarkeit gegen Schweden sei, denn, trotzdem Gustav Adolph aus eignen Interessen den Krieg mit dem Kaiser begonnen, trotzdem er kurz vor seinem Tode sich jedes Anspruchs baar erklärt habe, habe doch der Kurfürst der Kron Schweden eine Entschädigung von 25,000,000 Goldgulden angeboten, eine Summe, die nicht angenommen sei, weil den deutschen Ständen schon viel grössere entwendet seien. Wenn freilich, setzt ihr Autor im dritten Theil auseinander, die Schweden trotz der Gegenversicherungen Gustav Adolphs sich deutsches Land aneignen wollen, so hat der Kurfürst nicht bloss das Recht, sondern auch die Pflicht ihnen mit Waffengewalt entgegenzutreten, und kann in diesem Falle von einer undankbaren Gesinnung seinerseits keine Rede sein. Im vierten wendet er sich gegen jene Eifrer, die eine Unterstützung des Kaisers durch die Evangelischen für eine Sünde ausschrieen und führt wider ihre evangelische Gesinnungstüchtigkeit ins Feld: Bibelstellen, wie „Gebt dem Kaiser, was des Kaisers ist" oder: „Seid unterthan der Obrigkeit, die Gewalt über euch hat", Reichsabschiede, welche den Beistand der Stände unter einander ohne Unterschied der Confession erheischten, und endlich die von den Gegnern gewiss ungern gehörte Thatsache, dass sie mit dem katholischen König von Frankreich im Bunde stünden. Am Schluss macht er sie darauf aufmerksam, was es wohl dem evangelischen Wesen helfen sollte, wenn die Schweden, um zwei oder drei evangelische Stände in ihr Eigenthum wiederum einzusetzen, Kurbrandenburg, Kursachsen, Magdeburg, Halberstadt, Braunschweig, Lüneburg, Pommern und Mecklenburg verwüsteten.

Der | Schwedische Stören Friede, | das ist: | Demon-
stratio, | oder | Gewisser Grund und Beweisung, | 1 | Dass
die Schwedischen Waffen, | nach geschlossenen Pragischen
Friede, in Teutschland | unrecht; | 2 | Und der Schweden
proceduren | grausam, unerhört, abscheulich und mehr
Türkisch | als Christlich seynd. | Sampt | Beygefügten
Wurtznischen Kreutz- und Marterwochen, am Ende be-
findlich. | Durch | Innocentium Ehrenfried von Creutz-
berg |. Historia teste | In bellis inferendis saepe afferuntur
practextus; veris causis | dissimulatis: vera autem causa
interdum est libido regnan | di et potentiam angendi. |
MDCXXXVII.
26 S. IV.

Der Autor muss, wenn nicht ein kursächsischer, so doch
ein der kursächsischen Politik befreundeter Publicist gewesen
sein; ob wir in dem „Kreuzberg" des Titels die nahe bei
Eisenach gelegene Stadt zu sehen haben, lassen wir dahingestellt
sein. Jöcher ist der Ansicht, dass sich unter dem Pseudonym
„Innocentius Ehrenfried" der kurmainzische Rath Peter Ostermann, der publicistische Gegner Stellas, verborgen habe. Wir
müssen dieser Ansicht aus dem Grunde widersprechen, weil
Ostermann sicherlich eine bessere Vertheidigungsschrift der
sächsischen Politik geschrieben haben würde als den „schwedischen Störenfried", der das grösste Plagiat ist, was sich in
die Prager Friedenspublicistik eingedrängt hat. In der
dreistesten Weise hat er die „Gegründete Ablehnung" und die
„Dankbarkeit" geplündert, das eigne, was er giebt, ist nach
Umfang und Werth äusserst unbedeutend. Mit einer unlogi-
schen, dispositionslosen, abgerissenen und rein schematischen
Darstellung wetteifert eine unangenehme deutsch-lateinische
Mischform. Sein einziges Verdienst — wenn man es ein Verdienst nennen will — ist, dass er für die Schweden den auch
späterhin beibehaltenen Namen „Störenfriede" aufgebracht hat
und den Gedanken — im ersten Theil seiner Schrift — durch-
zuführen sucht, die Ausländer haben kein Recht zum Kriege.
Doch kommt er zu diesem Hauptthema erst, nachdem er den
Torgauer Vertrag als eine Personalunion hingestellt und gezeigt hat, wie der Kurfürst aus Rücksicht auf sein Land, auf

das deutsche Reich, aus Missbilligung des Heilbronner Convents und des Bündnisses zwischen Schweden und Frankreich auch ohne Hinzuziehung der Schweden den Prager Frieden habe schliessen müssen. Um den Krieg Schwedens in seiner Rechtlosigkeit darzuthun, hat er sich begnügt folgende vier Gründe anzuführen: Schweden hat die im Prager Frieden zugesicherte Amnestie und Sicherheit von der Hand gewiesen, die ihm garantirte Entschädigung stolz ausgeschlagen, ohne jedes Recht das Haus Oesterreich angegriffen und ohne jede Befugniss sich in deutsche Reichsangelegenheiten gemischt. In dem zweiten Theil schildert er die mehr türkischen als christlichen Proceduren der Schweden im Kurfürstenthum Sachsen.

Etliche | Fragen und deren Beantwortung | auf jetzigen Krieg gerichtet | . Franc. 6 Vayer de legato | c. I. p. 69 ait. | Nobis, qui privatam personam sustinemus, multa intempestive, ne dixerim injuste in Reipubl. administratione committi videntur, quae tamen, si rerum aequi aestimatores essemus, remque totam ad Rationis calculum subduceremus, juste prudenterque facta viderentur. | Anno | MDCXXXVII. 34 Bl. IV.

Die Broschüre wurde publicirt, um die Ansicht vieler Kursachsen zu widerlegen, der Prager Friede sei die Ursache all des Elends, was nach der Wittstocker Niederlage über das Kurfürstenthum hereinbrach. Ihre Widerlegung, die sie zu einem grossen Theil der „Gegründeten Ablehnung" verdankt, besagt im Grossen und Ganzen, dass der Friede an sich gut und patriotisch sei, und dass aus dem Wittstocker Siege kein Schluss auf die Gerechtigkeit der schwedischen Sache gemacht werden könne.

Der deutsche Planet, | das ist | : Nothwendige Betrachtung | der frembden Kriegs | waffen in Teutschlandt | darinnen, | von derselben Gerechtsame und Befugniss, | wie auch vermuthlichen Ausgang. | In Form eines Gesprechs, | zwischen | Ernst German von Teutschenheimb | und | Wendelin Frantzmännlein, | aus dem bisherigen Erfolg, | Nach Anleitung Göttliches Wortes, allgemeiner | Rechte und beglaubten Historien ge | handelt wird. |

6*

110

Sieh lieber Teutscher Dich wohl für,
Gross Unglück steht für Deiner Thür.
Gedruckt im Jahr 1639.
50 Bl. IV. Eine zweite Ausgabe 60 Bl. IV.

Da der „Planet" in Dresden im Verlag von Wolfgang Seyffert[1]) erschienen ist, mag sein Autor ein Unterthan des sächsischen Kurfürsten gewesen sein; doch ist seine Schrift nicht vom kursächsischen, sondern von echt deutschem Standpunkt aus geschrieben. Sie ist der Form nach ein Dialog, aber als solcher ziemlich werthlos. Das Gespräch wird von Repräsentanten der beiden Klassen von Deutschen damaliger Zeit geführt: die, welche erbittert gegen Frankreich und Schweden kämpften, werden vertreten durch Ernst German, „der sein altes deutsches ehrbares Gemüth ungescheut eröffnet", während die Anhänger jener beiden Staaten ihren Vertreter finden in „Wendelin Frantzmännlein, welcher mit dem Monde seine Kleidung, seine Geberde, und mit der Geberde sein Gemüth wandelt". Nun wird zwar der wegen der Restitution einzelner Reichsstände fortgesetzte Krieg Schwedens durch die Bemerkung verurtheilt, dass ein jeder Staat sich allein seine Gesetze vorschreiben müsse, auch wird Schweden lediglich für das Scheitern der Friedensverhandlungen im Jahre 1635/36 verantwortlich gemacht, und seine Zurückweisung der angebotenen Satisfaktion nur dadurch erklärlich gefunden, dass es allein bis Ostern 1634 durch einen einzigen Seehafen über 400 Tonnen, im Ganzen an 1000 Tonnen Gold, die Deutschland ausgepresst seien, über das Meer geführt habe, aber der Kern des „Planeten" liegt in der Warnung vor Frankreich. Sein Verfasser erklärt, dass Frankreich gegen die spanische Weltmonarchie zu kämpfen vorschütze, um selbst eine solche zu errichten, dass es sich den Schein gebe die deutschen Stände in ihren Freiheiten und Rechten erhalten zu wollen, um sie mit dem Kaiser zu verfeinden. Schon seit Franz I. Zeiten singe Frankreich den Ständen das Lied von Erhaltung ihrer Privilegien vor, seiner Zeit hätten die deutschen Fürsten die Vorschläge dieses Königs von der Hand gewiesen, und auch von Heinrich IV.

---

[1]) Leipziger Messkatalog.

hätten sie sich nicht zu einem Bunde gegen den Kaiser bewegen lassen, die jetzigen deutschen Fürsten möchten dem Beispiel ihrer Vorfahren folgen und es nicht dulden, dass Frankreich aus eigennützigen Absichten das ganze deutsche Reich verwüste. Um allen Anhängern Frankreichs zu zeigen, welches Schicksal dem deutschen Vaterlande bevorstünde, lässt der Autor Wendelin die bei Gelegenheit einer Reise in Frankreich gehörten Acusserungen erzählen: Frankreich würde sich, sobald die Kräfte aller Reichsstände völlig ermattet wären, ganz Oberdeutschlands bemächtigen und die römische Kaiserwürde als erblich in seiner Königsfamilie an sich reissen. Ob der Verfasser diese Befürchtungen wirklich hegte, ist nebensächlich; jedenfalls hielt er eine mit starken Farben aufgetragene Schilderung für nöthig, damit den deutschen Fürsten, welche die Hoheit des Reichs den Fremden preisgaben, das Gewissen erweckt würde. Ihnen schiebt er die Schuld an dem Unglück des Vaterlandes zu, nicht dem Prager Frieden. Deshalb hat er auch der Vertheidigung desselben mehr Raum wie mancher andere Publicist überlassen, dabei sich allerdings auf die „Vindiciae pac. Prag.", die „Deutsche Warnung" und die „Dankbarkeit" gestützt. Nur dreierlei ist von originellem Werth: er sieht in dem Prager Frieden nicht einen Friedensabschluss zwischen dem Kurfürsten und dem Kaiser, sondern ohne weiteres einen solchen zwischen diesem und den deutschen Ständen, er rechtfertigt so eingehend wie möglich die Uebertragung der Kur an die bairische Linie, und endlich weist er den Einwurf der Schweden, den sie in ihrer angemassten Stellung als Vorkämpfer der evangelischen Confession gegen den Prager Frieden erhoben, den Unterthanen des Kaisers wäre die freie Religionsübung untersagt, mit dem Bemerken zurück, dass die Schweden seit 1635 in den österreichischen Territorien nicht ein einziges Kirchlein erhalten, wohl aber tausende in Ober- und Niedersachsen eingeäschert hätten.

Seine Schrift fand trotz ihres respectabeln Umfangs Verbreitung; sie muss also Eindruck gemacht haben.

Nothwendige | Information, | Ob den | Jetzigen Reichs-Feinden, | Solange sie sich wider das Haupt, oder | die Glieder des Heil. Röm. Reichs | feindselig erweisen, | Mit

worten oder werken | beyzupflichten? | Gedruckt im Jahr
MDCXXXIX. |
16 Bl. IV.

Auch die „Information" ist zu Dresden von Wolfgang
Seyffert [1]) verlegt, auch von ihrem Verfasser gilt dasselbe wie
von dem des „Planeten", aber auch von ihm lässt sich ein
Mehreres nicht sagen. Die „Information" steht zum „Planeten"
in demselben Verhältniss wie die „deutsche Warnung" zum
„deutschen Brutus". Wie dieser und der „Planet" vor allem
einen Protest gegen Frankreich enthält, so zieht mit der „deutschen
Warnung" auch die „Information" gegen Schweden zu Felde;
sind jene beiden immerhin ziemlich ruhig gehalten, so herrscht
in diesen eine heftige, dafür aber auch witzige und drastische
Ausdrucksweise vor.[2]) Eine Eigenheit der „Information" sind
ihre allgemeinen Benennungen, so für das deutsche Kaiserthum
der Adler, für die Schweden der Reichsfeind.

Sie geht von einer sehr herben und scharfen Beschreibung der deutschen Anhänger Schwedens aus und verfolgt den
Zweck das unnationale Auftreten derselben als unentschuld-
bar zu kennzeichnen, weshalb sie auch deren Anklagen gegen
den Prager Frieden in ihrer vollen Nichtigkeit darzulegen
sucht. Sagten die Gegner, man dürfe einem mit den Katholiken getroffenen Vertrag nie trauen, so meint der Autor, selbst
ein misstrauischer Gedanke sei ein Majestätsverbrechen gegen
den römischen Kaiser. Tadelten sie den sächsischen Kurfürsten
wegen seiner Undankbarkeit gegen Schweden, so kann dieser
nicht erstaunt genug über die angebotene beispiellos hohe Entschädigung und über die abscheuliche Kriegslust des nordischen
Staates sein. Zu dem Besten, was überhaupt damals gegen
die Schweden von der Publicistik vorgebracht worden ist, gehört unstreitig der Passus der „Information", wo ihr Verfasser

---

[1]) Leipziger Messkatalog.
[2]) Als Proben der „Information" mögen dienen: Die christliche
Liebe ist mit Trummel und Pfeifen aus Deutschland hinweggetrieben,
seine Meinung wie ein Postsattel nach allen fremden Pferden beque-
men, der amor regionis hat sich auch im Sommer in einen Religions-
pelz verhüllt, die Favoriten folgen wie die unbändigen Böcke lieber
dem Metzger als dem Schäfer.

auf deren Kriegsvorwand, sie wollten den Evangelischen zum
Frieden verhelfen und den unterdrückten Seelen die religiöse
Freiheit bringen, antwortet. Die Schweden sind seiner Behauptung nach Glaubensgenossen, die mit Feuer, Schwert, Angst,
Noth und Mord das Evangelium predigen, die nicht nur dem
weltlichen, sondern auch dem geistlichen Eigenthum der deutschen evangelischen Kirche den grössten Schaden gethan haben
und noch thun. Den habsburgischen Erbländern wollen sie
freie Religionsübung bringen, aber, fragt der Autor: „Werden
dadurch die abgebrannten Kirchen restituirt? Wo bleiben so
viel tausend verschmachtete evangelische Herzen? So viel ver-
jagte Schuldiener und Prediger? So viel abgenommene Kirchen-
und Altargelder? So viel darniedergelegte Schulen und Hospi-
täler, soviel durchwühlte Christengräber und Kirchhöfe?" Von
ihm erfahren wir die traurige Thatsache, dass von 1635 bis
1639 der fünfte Theil der Evangelischen vom Erdboden verschwunden ist, „denn in einem einzigen Lande (wohl Thüringen) sind innerhalb der letzten vier Jahre 400 Kirchen verwüstet, in dem ganzen evangelischen Bezirk also ungefähr
2000, rechnet man zu jeder Kirche nur 200 Pfarrkinder, so
hat die evangelische Confession an 400,000 Seelen Anhänger
verloren." Diesen Verlust haben die Evangelischen den Schweden zu verdanken; jetzt sind die Schweden siegreich, aber wie
auch die hoch gestiegenen Gemsen gefangen werden, so wird
über sie der österreichische Adler doch endlich triumphiren,
verheisst die „Information" siegesbewusst und ungleich dem
hoffnungslosen „Planeten".

Treuhertzige und | wolgemeynte | Ermahnung, | Eines
Alten | Teutschen Landsknechts, | deme die Noth und
gegenwärtige Gefahr des allgemeinen | geliebten Vater-
landes höchlichen be | kümmerte. | An alle guthertzige,
trewe Patrioten, welche wegen | ungleicher Information
bey des Heil. Röm. Reichs-Fein | den und Widerwertigen
sich annoch in | Diensten befinden. | Gehalten | Zu Cosenz
im Sprechenthal. | Unnd gedruckt im | Jahre | Da Das
ReICh nVn In haVffen geWorffen; zV FrIeDe | letzt ge-
neIget War.
1 Titelblatt und 20 S. IV.

Der anonyme Verfasser ist ein Katholik[1]), und da die
Beziehungen seiner Schrift zu Spanien sehr innige sind, da in
ihr nicht der Gegensatz gegen Frankreich oder Schweden, sondern gegen die Niederlande der vorherrschende ist — jene
beiden Staaten werden sogar vor diesen gewarnt —, mag sie
in einen Sitz des Katholicismus am Unterrhein verlegt sein.
Sie enthält eine höchst lesbare, leidenschaftliche und spöttische
Rede, welche den im französischen oder schwedischen Heere
dienenden Deutschen beweisen soll, dass sie mit gutem Gewissen
ihre Dienste quittiren dürften, denn von ihren „Principalen“,
dem Könige von Frankreich und den Schweden könnten sie
keine Beschützung der evangelischen Religion und der deutschen Freiheit erwarten. „Wer ist der König von Frankreich?
Ein katholischer Herr mit Namen Christianissimus, der die
Hugenotten heftiger als alle seine Vorfahren verfolgt, dessen
vornehmster General ein römischer Cardinal von Richelieu ist.
Die Schweden sind in ihrem eigenen Lande arme Sklaven und
ist ihnen die Religion nur ein Deckel ihre böse Begierde, die
sie zur Ersättigung ihrer Dürftigkeit haben, zu beschönigen.“
Wollten sie den Schweden zu dem Besitz eines deutschen Ter-
ritoriums verhelfen, so drängten sie ihnen wider Willen etwas
auf, denn Gustav Adolph hätte ausdrücklich jedes Streben nach
fremdem Land in Abrede gestellt. Wenn einige geringe Stände
den Prager Frieden nicht anzunehmen für gut hielten, müsste
deshalb das Reich verwüstet werden? Denen aber, die nicht
den Ausländern, sondern deutschen Fürsten zu dienen erklärten, hält die „Treuherzige Ermahnung“ vor, dass diese nur
von jenen ausgerüstet wären, dass sie sich also auch in diesem
Falle gegen ihr Vaterland von den Fremden gebrauchen liessen.
Dem evangelischen Theil Deutschlands hätte Gewaltsamkeit nur
geschadet, und was für ein Schicksal die Verächter der Majestät
des Reichs stets davongetragen hätten, bezeugten Joh. Fried-

[1]) Ein Reformirter würde nicht die Union verspottet, nicht die
Bezeichnung „Calvinismus“ gebraucht haben; ein Lutheraner wohl
kaum Martinitz, Slawata „fürtreffliche Männer“, kaum die Böhmen
insgesammt „Hussiten, Pickarten, Wiedertäufer“ titulirt haben und
sicher nicht bei einer Aufzählung aller Confessionen die seinige der
katholischen nachgesetzt haben.

rich, Philipp von Hessen und Albrecht von Brandenburg.
„Darum, ihr lieben Deutschen, lasset Euch nicht länger täuschen,
entschlaget Euch solcher unbilligen Kriegsdienste."

Trotzdem hiermit das eigentliche Thema der Flugschrift
beantwortet ist, ist doch ihr Inhalt dadurch nicht im mindesten erschöpft, denn ihr Schwerpunkt liegt auf einem ganz
andern Gebiet, in ihrer prononcirt monarchischen Richtung;
und es ist nicht unbeachtenswerth, dass sie in eben dem Jahre
veröffentlicht wurde wie die leidenschaftlichste Vertreterin der
aristokratischen, die Dissertatio. [1] Ihr Verfasser spricht eifrig
für das Legitimitätsprincip; eine aristokratische oder eine demo-
kratische Constitution ist ihm gleich verhasst. Die böhmische
Directorialverfassung von 1618 erklärt er für die grösste Tyrannei und für eine lächerliche Institution, „da ein bürgerlicher
Mantel dem ritterlichen Kürass gebieten sollte". Die Ursache
des Krieges ist ihm der Ehrgeiz der Generale, der Zweck aber:
Verstossung der Fürsten und Einführung anderer Staatsformen.
Jeder missglückte Versuch in Opposition gegen die Staats-
gewalt zu treten ruft seinen Spott hervor, so „die höllische
Union".[2] Hat indess ein Volk, wie z. B. die Niederländer, sich
der Oberhoheit seines angestammten Herrscherhauses mit gutem

---

[1] Als eine treffende Entgegnung zu der von der Dissertatio
beliebten Gleichstellung des römischen Kaiserthums und der venetia-
nischen Dogenwürde kann man folgende Stelle der „Treuherzigen
Ermahnung" ansehen: Bei den Venetianern ist der Herzog nur an
Pracht und Pomp ein Fürst, sonst in der Rathsstuben ein Rathsherr,
in der Stadt ein Gefangener, ausserhalb der Stadt ein Beklagter, als
der ohne des Raths Urlaub nicht verreisen darf.

[2] Ihre Geschichte lautet: Die Fürsten Oberdeutschlands haben
dieselbe aus dem Gehirn des Argwohns geheckt, welche die Reichsstädte mit Frohlocken zu Heilbronn aus der Taufe gehoben, mit den
Brüsten des blinden Misstrauens gesäugt und mit schlipfriger Hoff-
nung auferzogen, und als sie derselben in ihrer blühenden Jugend
eine reiche Aussteuer beschlossen, siehe, da wird sie durch einen
Unglücksfall zu schanden gemacht, indem ein genuesischer Kaufmann
Marquis Spinola, der ihren Vätern an Herkunft zwar nicht gleich,
aber mit Geld die Heirath zu wege gebracht hatte, sie im Beilager
zu Mainz bis auf den Tod ausgemergelt, also dass sie unter den
Händen ihrer Pathen zu Heilbronn verschwunden.

Erfolg entzogen, so ist er Feuer und Flamme. Und grade auf
den Protest gegen die „angemasste Freiheit" dieses Volkes
scheint es ihm bei seinen Auseinandersetzungen angekommen
zu sein, wenigstens hat er sich damit im Verhältniss zu dem
sonstigen Umfang seiner Schrift viel zu eingehend beschäftigt.
Die Ursache der niederländischen Empörung, behauptet er, ist
nicht die Religion, noch die Steuercontribution gewesen, denn
Leuten, die den katholischen Venetianern und Franzosen, den
lutherischen Braunschweigern und sogar den Türken wohlge-
neigt sind, ist die Religion Nebensache, auch müssen sie seit
ihrer Losreissung von Spanien zehn Mal mehr Steuern bezahlen
als früher, vielmehr ist die Ursache in der Liebe zur republi-
kanischen Staatsform zu suchen. Auch haben die Niederländer die von ihnen erst herangelockten Gouverneure, den Erzherzog Matthias, den Herzog von Alençon, den Grafen von
Leicester nach Hause geschickt, weil sie wie die Venetianer
nur einen Schattenfürsten dulden wollen. Die ganze Zeit über
haben sie in allen Ländern Unruhen erregt, in England, in
Frankreich, wo sie trotz der grossen von Heinrich IV. empfan-
genen Wohlthaten die Hugenotten auf das eifrigste unterstütz-
ten, in Deutschland, wo sie 1596 das Erzbisthum Köln in Besitz nehmen wollten, wo sie später der Stadt Braunschweig
gegen den Herzog derselben beistanden. Am meisten aber
haben sie gegen das Haus Oesterreich-Spanien agitirt, in der
Voraussicht, dass sie nach dessen Sturz ihre weiteren revolu-
tionären Pläne leicht durchsetzen könnten. Gegen Ferdinand II.
haben sie den Venetianern und den Böhmen Hülfe geleistet
und dem König von Spanien haben sie von Sonnenaufgang bis
zum Untergang Feinde geworben. Das Ziel aber ihrer Politik
ist Unterdrückung der Monarchieen und Einführung von Republiken, und dieses Ziel hoffen sie im Bunde mit den Schwei-
zern, Venetianern und Hansestädten zu erreichen.

— —

Wir wenden uns jetzt einer Gruppe von drei Broschüren
des Regensburger Reichstages von 1640 zu. Die erste weist
vorbedeutend auf diesen Reichstag hin, die zwei andern sind
unmittelbar durch ihn hervorgerufen; wie aber seine Verhand-

lungen sich auf den Prager Frieden stützen, so tritt auch der Zusammenhang seiner Broschürenlitteratur mit der Friedenspublicistik klar zu Tage.

Johann Georg hatte bald eingesehen, dass es an dem Mangel einer Generalamnestie lag, wenn die Ausländer nach 1635 noch so viele Anhänger in Deutschland fanden. Was er zu Prag nicht erreicht hatte, suchte er später durchzusetzen, so auf dem Regensburger Collegialtag von 1636, aber leider vergeblich.[1]) Dass auch von erklärten Freunden des Friedens nachträglich noch eine völlige Begnadigung aller deutschen Stände gewünscht wurde, beweist die Flugschrift:

Herrn Ernesten von Friedensdorff | Antwort auff eines vornehmen Patrioten | Schreiben, | Darinnen zu befinden wich | tige Ursachen, so Christliche Potentaten | billich bewegen sollen, | mit Hindansetzung alles Prac | texts, wie scheinbarlich auch derselbe seyn möchte, | von dem bluti | gen höchstschädlichen Kriege dermaleins abzustehen, unverzüg | lich den Friede zu ergreiffen, denselben festiglich zu stabili | ren, und darüber einträchtiglich zu halten, | Benebens einem aussführlichen Discurs, ob die Amni | stia universal und ohne Unterscheid durchge | hend seyn sol, | Von einem getreuen Patrioten, und Liebhaber des Friedens, in | einer vornehmen Reichsstadt, umb allgemeiner Wolfahrt des | Vaterlandes willen auffgesetzet und in Druck | gegeben | 2 ad Corinth. 13 | Pacem habete, et Deus Pacis erit vobiscum. | Gedruckt im Jahr 1638. | Zwei Auflagen zu je 20 und 30 Bl. IV.

Die Schrift, welche laut dem Titel „in einer vornehmen Reichsstadt aufgesetzt" wurde, erschien zu Frankfurt a/Main im Verlag von Caspar Roeteln, wofern man aus der Vignette (Engelskopf mit Flügeln) einen Schluss ziehen kann. Ihr pseudonymer Autor ermahnt in dem ersten Theil seines Schreibens, unter Benutzung eines Briefes von Erasmus an Franz 1. von Frankreich, die auswärtigen Fürsten sich vom Kriege zum Frieden zu wenden. In dem zweiten Theil führt er anfangs sechszehn allgemeine Gründe gegen die universale Amnestie an,

[1]) Chem. III, 59 u. ff.

um sich schliesslich mit siebzehn für eine solche „als dem
Frieden sehr beförderlich" zu entscheiden, und in dieser Entscheidung ruht nach unserm Erachten das Moment, das eine
Vervielfältigung der Schrift veranlasst hat; sonst hat sie nichts
anziehendes.

Auf dem Regensburger Reichstag waren es vor allem die
Reichsstädte und der brandenburgische wie der sächsische Kurfürst, welche immer und immer wieder eine Revision des Prager
Friedens in Sachen der Amnestie verlangten[1]), die Kaiserlichen
und die orthodoxen Katholiken dagegen wiesen dies Ansinnen
stets von der Hand. Zu den letzteren gehörte auch der Jesuiten-
pater und Kanzler der Akademie Dillingen, Lorenz Foerer,
der während des Reichstages dem Kaiser eine Denkschrift über-
gab, die im Druck den Titel führte:

Laurentii Foereri, | Eines vornehmen Jesuiten und
Kantzlers | der Academien zu Dillingen, | Rationes | Pro
Amnistia facienda, | Ursachen | Warumb die Waffen nie-
derzulegen, | und dann | Argumenta | contra Amnistiam et
Pacem, | die Gründe, | Warumb man den Krieg erläugern
und | nicht Friede machen sol. | Ihrer Kays. Majt. und
den Katholischen Ständen | bey währendem Reichs-Tag
übergeben. | Anno MDCXL.
14 Bl. IV.

Nachdem der Jesuit mehrere und man muss gestehen sehr
treffende Gründe für eine Amnestirung der im Prager Frieden
geächteten Stände aufgezählt hat, verbreitet er sich des Längern über die Gegenmotive, lobt die Bestimmungen des genannten Friedens und erklärt eine allgemeine Begnadigung
schon deshalb für unstatthaft, weil sie gegen den Vortheil der
katholischen Kirche wie gegen die Majestät des Kaisers sei[2]).

---

[1]) Chem. IV, 1 B. 25 und Senkenberg B. 6. 482.

[2]) Es ist nicht unwichtig, dass der Jesuit dem Kaiser den Rath
giebt, er soll dem sächsischen Kurfürsten, um ihn von einer „Urgi-
rung der allgemeinen Amnestie" abzubringen, die Forderung der geächteten Calvinisten zu Gemüthe führen, die Kurwürde müsse der
Ernestinischen Linie des Hauses Wettin restituirt werden, eine Forderung, die von der folgenden Broschüre hinwiederum den Kaiserlichen in den Mund gelegt wird.

Frankreich und Schweden konnten nur mit Misstrauen den
Entschluss Ferdinands III. einen Reichstag zu berufen vernehmen, in ihrem Interesse lag es durchaus nicht, dass der Kaiser
den Beschwerden der Stände Abhülfe zu leisten, dass er eine
grössere Amnestie als die des Prager Friedens zu geben verhiess. Sie befürchteten ihren Kriegsvorwand, Restitution der
nichtamnestirten Fürsten, zu verlieren und dem geeinigten
Deutschland nicht gewachsen zu sein [1]).

Zum Beginn der Reichstagsverhandlungen erschienen die:
Zwey nachdenkliche Schreiben, | die | Friedens Handlunge | in Deutschlandt, bey dem angesetztem | Regenspurger Reichstage, | betreffend: | Eins an Churfl. Durchl.
zu Sachsen, | das Andere an gesambte Stände | dess Römischen | Reiches; | hiebey | drittens, ein Schreiben auss
Regenspurg, | selbst, darinnen die Fehler, so dem Reichs |
tag hinderlich und dabey vorgehen, | und die Vermuthungen, so ihn | befördern könnten, ange | zogen werden. |
Gedruckt im Jahr | 1640.
16 Bl. IV. Ein anderer Druck mit etwas modulirten Titelzeilen 10 Bl. IV.

Der Verfasser giebt sich für einen „deutschen Adligen"
aus, der zu „jenen Malcontenten und Ehrgeizigen" gehört haben mag, „welche die einheimischen Kriege mit Hülfe ausländischer Potentaten wieder in Gang bringen." Ein deutschnationaler Publicist ist er nicht, vielmehr braucht er seine
Feder völlig im Solde und Interesse der Ausländer nur mit dem
Unterschied, dass er in dem Schreiben an den Kurfürsten den
schwedischen, in dem an die Stände den französischen Einfluss
vorwalten lässt. Seine Schrift streift mit ihrer Anmassung und
Verlogenheit nahe an die „Deploratio" [2]), an geschickter Grup-

---

[1]) Wie sehr derartige Befürchtungen gehegt wurden, zeigt die
Beschwerdeschrift der königl. schwedischen Regierung an die Stände,
worin die Fortsetzung des Krieges als Hauptzweck des Reichstages
bezeichnet war (Chem. IV, 1 B. 3).

[2]) Sie wagt die Behauptungen aufzustellen: Gustav Adolph ist
auf Begehren des pommerschen Herzogs nach Deutschland gekommen;
Johann Georg muss dem schwedischen Kanzler den Vorrang lassen,
weil dieser das erste deutsche Kurfürstenthum, Mainz, innehat;

126

pirung des Materials und an eleganter Ausdrucksweise jedoch
sucht sie ihresgleichen.

Das erste Schreiben enthält eine Persiflage der Motive,
welche den Kurfürsten zum Abschluss des Prager Friedens
bewogen hatten, indem es Fragen aufwirft, wie: „Ist es
die Nördlinger Schlacht gewesen“ und antwortet: „Nein
Eure Vorsicht ist zu gross und Euer Gemüth ist zu heroisch,
als dass es sich über einen so fernen Donnerschlag bestürzen
sollte. Ist es vielleicht, dass Kurf. Durchl. Magdeburg auf den
Herrn Sohn zu bringen bemüht? Auch nicht, denn nur durch
Eure Schuld ist dasselbe verloren gegangen und Gustav Adolph
hat es erst mit vieler Mühe wiedererobert.“ Und um den Kurfürsten von der seit 1635 eingeschlagenen Politik abzubringen,
weist das Schreiben auf das seit jener Zeit von Jahr zu Jahr
wachsende Unglück des kursächsischen Landes und auf die
vor der Uebermacht der Habsburger drohende Gefahr hin.
„Kommt zu Euch selbst und zu Euren Confoederirten, erkennt,
dass das Haus Oesterreich durch seine grossen Verheissungen
Euch verblendet; thut Ihr das, so ist man eines allgemeinen
Friedens in und ausser dem Reich in Kurzem versichert.“
Dass vom Regensburger Reichstag, der nur ein „subtiles Mittel“
zur Fortsetzung des Krieges sei, kein Friede zu erwarten stünde,
hält der Verfasser dem sächsischen Kurfürsten wie in dem
zweiten Schreiben den Ständen vor. Wenn er diesen zuruft:
„Lasset Euch die Proposition eines allgemeinen Friedens unter
Zuziehung von Schweden und Frankreich ein unfehlbarer Pro-
birstein sein, um zu judiciren, wer Freund und Feind ist“,
wenn er ihnen droht, dass Deutschlands elender Zustand durch
die ausländischen Potentaten noch vergrössert werden würde,
sobald die Stände auf eine Versöhnung mit dem Kaiser ein-
gingen, so hat er die Haupttendenz seiner Flugschrift mit
wünschenswerthester Offenheit ausgesprochen.

Der Publicistik des Prager Friedens, die wir mit den
„Zwei nachdenklichen Schreiben“ abgeschlossen haben, müssen

Schweden und Frankreich haben nur deshalb deutsche Festungen
und Länder besetzt, um die Libertaet der Stände besser schützen zu
können.

wir der Vollständigkeit wegen vier Broschüren anreihen, die
weder von gesundem Menschenverstand zeugen noch sich an
ihn wenden. Von einer religiös aufgeregten Zeit wird meist
der Aberglaube geboren und durch herrschende Noth und
Trübsal wird derselbe anwachsen. In einer solchen Misere,
wie sie damals über Deutschland hereingebrochen war und wie
sie im Verlauf des Krieges immer mehr zunahm, klammerten
sich die Menschen an die Worte jener Betrüger oder Selbst-
betrogenen an, die auf göttlichen Befehl zu weissagen vorgaben.
Wenn Gryphius sagt: Es galt für gottlos den Prophezeiungen
nicht zu glauben, so wird das vor allem in der letzten Periode
des dreissigjährigen Krieges der Fall gewesen sein [1]. Das dieselbe einleitende Ereigniss, der Prager Friede, musste die
Professionspropheten in hohem Masse anregen; sie beschäftigten
sich in ihren Phantastereien meist mit der Frage: Welches ist der
Erfolg des Friedens? oder anders ausgedrückt: Wer bleibt Sieger?

Am Wendepunkt der Jahre 1635/36 erschien ein Flugblatt,
für dessen Verfasser Opel [2] „den bekannten phantastischen
Johann Permeier" hält:

---

[1] Chemnitz (IV, 3 B. 27) liefert ein sehr gutes Beispiel für den
Einfluss solcher Prophezeiungen. Der schon früher (S. 9) genannte
Hamburger Kalendermacher Hermannus de Werwe hatte das Ableben
Ludwig XIII für das Jahr 1643 vorausgesagt, und da allgemein nach
diesem Todesfall ein sofortiger Umschwung der französischen Politik
gemuthmasst wurde, liess sich kein Hamburger Kaufmann dazu bewegen den Schweden auf die französischen Subsidien hin einen Vor-
schuss zu leisten. Es ist wohl nicht überflüssig zu bemerken, dass auch
der schwedische Historiker nicht ganz frei von Aberglauben war, wenigstens nicht von einer Schattirung desselben, der Astrologie. Vor der
Schlacht von Jankau trat plötzlich die Sonne mit zwei Nebensonnen auf,
und dieses Phänomen veranlasste ihn zu der Aeusserung (IV, 2 B. 39):
„Wir wollen nur dieses vermelden, dass obschon dergleichen Parelia
ihre natürlichen Ursachen, darnebenst auch ihre natürliche Wirkung
haben, dern Bedeutung sich dennoch weiter erstrecket, und sie zu
jeder Zeit etwas sonderliches nach und mit sich gezogen. Dessen
geichrte Leute straks verschiedene alte und neue Exempel angeführt
und die Erfahrung auch vor diesmal zehn Tage hernach überflüssig
dargethan und erwiesen."

[2] „Eine Probe pol. Publ. aus den Zeiten des dreissigjährigen
Krieges" (Preuss. Jahrb. IX. 1862). Dieser Monographie verdanke
ich meine ganze Kenntniss des Flugblatts.

Copia Zweyer Schreiben, Welche der Kriegsfürst des
Herrn, des obschwebenden Unwesens halb in dem Römischen Reich, an den Churfürsten von Sachsen wegen
desselbigen Bundes, den Er wieder Gott mit dem Kaiser
gemacht, gelangen lassen, Anno 1635. 1636.
4 Bl. IV.

Das zweite [1]) Schreiben will Zeile für Zeile aus Bibelstellen,
die jedesmal am Rande angegeben sind, zusammengesetzt sein.
In ihm werden dem Kurfürsten Rathschläge für die „obschwe-
bende Noth und Kriegsempörung“ gegeben, die namentlich dahin
gehen, nicht durch Morden, Rauben und durch Unterstützung
des Kaisers und des Papstthums, die nach Daniel 7. 11, 12
untergehen sollen, Gottes Zorn auf sich zu laden. Es verheisst
ihm den Verlust seines Landes für das, was er „den armen
Unterthanen in andern Herrschaften gewaltthätiger Weise, ohne
alles Gewissen“ hinwegnimmt, und allen „Heuchlern, nureinen
Fröschen und Teufelsgeistern“, welche um des Prager Friedens
willen „unschuldige Seelen schlachten“ den feurigen Pfuhl der
ewigen höllischen Verdammniss.

Als die Schlacht von Wittstock die grosse Masse von der
Unbesiegbarkeit der Schweden wiederum überzeugt hatte, unter-
nahm es ein treugesinnter kursächsischer „Astrophilus Christia-
nus“ den Untergang derselben zu prophezeien und gab seine
Prophezeiung „auf Befehl eines vornehmen Herrn“ unter dem
Titel heraus:

Schwedischer | See Hund |, das ist, | Wie der unge-
heure See | Hund, so den 13. Martii Anno 1634 in der
Elbe | bey Dressden sich sehen lassen, endlichen aber
zwischen Meissen und Dressden den 20. Martii gefangen |
und erschlagen worden | Ein Vorbot unnd Vor | bild ge-
wesen der allerschrecklichsten, Barbari | schen, unchrist-
lichen, unnd Tyrannischen Verwüstung | und Verheerung
des Kurfürstenthums Sachsen, so die | Schwedischen See
Hunde verübet, und was es end | lichen mit ihnen für
einen Aussgang ge | winnen werde: | Jedermänniglich zur

[1]) Ueber das erste kann ich nichts berichten, weil Opel es nicht
berücksichtigt.

Nachrichtung | in etwas beschrieben. | Von Astrophilo
Christiano. Erstlich zu Leipzig | Gedruckt bey Gregorio
Ritzsch, | Im Jahre 1637.
8 Bl. IV.

Gott hat, meint der Verfasser, alle Zeit Vorboten des Un-
glücks geschickt, so auch 1634 einen Seehund, um die Verwüstung Sachsens durch die Schweden anzuzeigen. Wie der
Seehund aus der See in die Elbe und bis Dresden hinabge-
kommen ist, so haben auch die Schweden vom Norden her
einen Einfall in das römische Reich gemacht und haben den
Krieg bis zur sächsischen Residenz getragen. Der Seehund ist
weiblichen Geschlechts gewesen, ebenso wie die Schwedenkönigin. Wie er gefangen und erschlagen worden ist, wenngleich
erst nach grossen Anstrengungen, so wird auch schliesslich die
Macht der Schweden gebrochen werden.

Die Krone aller prophetischen Hirngespinste ist die 1638
publicirte Schrift:

Johann Warners | aus Bockendorff; im Lande Meissen,
bürtig selbsteigent | Beschreibung etzlicher | Visionen, |
welche ihm sind von Gott, we | gen des Zustandes der
Lutherischen Kirchen | und ihrer Widerwertigen, innerhalb
Neun Jahren, | gezeigt worden. | Auf Göttlichen Befehl, |
nunmehr jedermänniglich für Augen gestellet, | und vom
Autore selbst in öffentlichen Druck gegeben, die From |
men in ihrem Trübsal zu trösten, die Gottlosen aber | zu
verwarnen. | Syrach 10 Cap. | Du sollst nicht urtheilen,
ehe Du die Sache hörst, und lass | die Leute zuvor aus-
reden. Verdamme niemand, | ehe Du die Sache recht
erkennest, erkenne es zu | vor und straffe es denn. | Ge-
druckt Im Jahr 1638.
1 Titelblatt und 85 S. IV.

Johann Warner, ein Unterthan Johann Georgs, aber ein
Gegner seiner Politik und des Prager Friedens, ist der frechste
Lügner jener Zeit gewesen [1]). Er erzählt, wie er im Jahre
1629 von Gott zum Propheten berufen, wie ihm die Zunge ge-
löst, wie der heilige Geist über ihn ausgegossen wurde. Seine

[1]) Gryphius: Scriptores Hist. saec. XVII.

130

prophetische Thätigkeit will er mit der Verkündigung der Ankunft Gustav Adolphs auf deutschem Boden und des Tillyschen Einfalls in Sachsen begonnen haben [1]). Dahingehender Schriften halber, worin er übrigens Ferdinand II. nicht Kaiser, sondern des Papstes Knecht genannt hatte, musste er sich vor dem Superintendenten zu Freiberg verantworten. Auch sonst hatte er schon vor 1638 mehrere Flugblätter veröffentlicht, und bildeten seine „Visionen" eine Art Gesammtausgabe. Diese besagen nun, dass Warner im Jahre 1633 zehn Tage vor Ostern auf Gottes Befehl den Kurfürsten vor dem betrüglichen Frieden mit dem Kaiser gewarnt habe; auch will er ihm angegeben haben, dass seine Räthe vom Kaiser bestochen seien. Im Jahre 1635 sieht er im Geist ein todtes Weib liegen mit aufgehobner Hand einen Haufen Briefe haltend, und eine Stimme erschallt: Dies sind die Friedensbriefe, gleich wie Du dieses Weib todt siehest, dass es kein Leben in sich hat, und doch einen Arm ausreckt, also wird dieser Bund todt und unkräftig sein, einen Arm ausstrecken und nichts erlangen. Und im Jahre 1638 verheisst er allen Schergen und Stockmeistern des Papstes und sämmtlichen Anhängern des verfluchten Prager Friedens nicht eher Gnade, dem sächsischen Lande nicht eher Ruhe, bis es, wie er sich biblisch ausdrückt, aufhört „zu huren mit Babylon." Babylon aber ist ihm der Kaiser und die Liga; dass diese die völlige Vertilgung der Evangelischen beabsichtigen, behauptet er kühnlich in einer geheimen Sitzung zu Wien gehört zu haben, wohin er im Geist durch einen Engel des Herrn getragen sein will, während sein Körper in Torgau verweilte. Seinem Hauptwerk hat er zwei Abhandlungen angefügt. Die erste besagt: Die römisch katholische Kirche sammt dem Papst und allen Anhängern wird untergehen, und die protestantische allein herrschen. Nach der zweiten gestaltet sich das Schicksal Deutschlands folgendermassen: Nach Verlauf einiger Jahre wird das Haus Oesterreich vom Throne gestürzt werden, und ein König aus sächsischem Geblüt erstehen, Deutschland wird nach dem Wort des Herrn zertheilt werden und es bleiben bis aus

[1]) Für die Wahrheit aller dieser Nachrichten wollen und können wir nicht aufkommen.

Ende der Welt, Schweden wird der Norden und Westen des
Reichs zu theil und wird dasselbe ein vornehmes Reichsglied
werden. Wie traurig muss es um ein Zeitalter bestellt gewesen
sein, welches die unsinnigen Visionen Warners derartig ver-
schlang, dass 1645 eine neue Auflage nöthig war![1]) Noch in
anderer Richtung werfen die Visionen grelle Schlaglichter.
Warner war ein Unterthan des Kurfürsten und war nicht der
einzige Kursachse, der einen Bruch mit dem Kaiser als den
Willen des Herrn ausposaunte, er selbst gibt uns Nachricht
von einem andern kursächsischen Propheten, dem Schulmeister
Georg Reichard, den er auf Befehl Gottes zu seinem Beistand berufen hatte. Das Weissagen zu Gunsten der Schweden
scheint epidemisch[2]) zugenommen und mag es zum grossen
Theil an deren Kriegsglück gelegen haben, wenn die Propheten, welche die Gemüther im schwedischen Interesse bearbeiteten,
so viel Gläubige fanden. Da diese in „besondern Conventikuln"
zusammentraten und denen, die für die Politik des Kurfürsten
durch Vertheidigung des Prager Friedens sprachen, „mit Faust
und Mund" opponirten, hielt es ein loyaler Kursachse für an-
gebracht das Treiben der falschen Propheten, ihrer Adhaerenten und der ihnen befreundeten Schweden nach „Anleitung
Mosis und der Propheten" zu schildern durch sein:
Speculum veritatis | Das ist: | Spiegel der Warheit |
Was nach anleitung Moysis und der | Propheten, das ist
der Heil. Schrifft, | von dem | Pragerischen Friedens |
Schluss zu halten | und worfür | der heutige Krieg | an-
zusehen, und was es vor ein Ende mit dem | selben neh-
men werde, in nachfolgenden 4 | Punkten erwogen. | 1.
Dass die Evangelischen keineswegs wider ihr Gewissen |
gehandelt, da sie mit ihrem Haupte dem Römischen
Kaiser Friede ge | troffen. | 2. Dass den vermeinten neuen

---

[1]) Gryphius: Scriptores Hist. saec. XVII.
[2]) Chemnitz (IV, 5 B. 34) erzählt, dass ein altes Dresdner Weib
und ein Bauer dem Kurfürsten den Untergang seines Geschlechts
voraussagten, wenn er sich nicht der kaiserlichen Partei entschlüge;
das Weib liess Joh. Georg laufen, dem Bauer zahlte er den Botenlohn
mit dem Stock auf den Kopf.

Propheten gar nicht zu trawen, | wenn sie mit ihren
Principalen dahin bringen, dass sie sich wieder das Rö-
mische | Reich empören und aufflehnen. | 3. Dass die
Schweden und ihre Adhaerenten wieder Gott | und ihr
Gewissen handeln, indem sie solche blutige Kriege füh-
ren. | 4. Was sie demnach nebenst ihren Helfers-Holffern
für Lohn | dermaleins dafür werden empfahn. | Allen
Liebhabern der Teutzschen Warheit zu Trost | und zur
Nachrichtung, den Widerwertigen aber zur | Warnung
auffgesetzt und geschrieben. | Von | den Teutsch-Meister
in Zeittlieb. | Gedruckt im Jahr, 1645. |
26 Bl. IV.

Das „Speculum“ ist ein redeseliges, fast nur aus biblischen
Citaten bestehendes Elaborat, das in den Prophezeiungen Joh.
Warners „des selbstgewachsenen Mosis“ und aller Wahrsager
nur ein Werk des Teufels sieht und die gegen den Prager Frieden
gemachten Vorwürfe zum Theil mit den Gründen und Worten
der „Information“ für ungerechtfertigt erklärt. Es giebt eine
mehrmals wiederkehrende Erzählung von all den Greueln,
welche von den Schweden verübt wurden, und weissagt ihnen,
dass Gott sie zur Zeit seines Zorns zerschmeissen (Psalm 110)
und ihr Land zur Wüste machen werde (Jerem. 21).

Zum Schluss sei uns ein Rückblick gestattet. Wir sahen,
wie der Prager Friede von deutschen und spanischen Publicisten vertheidigt, von deutschen, schwedischen und französischen angegriffen wurde, wir sahen, wie die grössten Geister
der Zeit, ein Hugo Grotius, ein Rusdorf, ein Chemnitz sich an
der Polemik gegen ihn betheiligten. Wir fanden schlechte und
gute litterarische Produkte, die letztern überwogen; Originalität
war den meisten eigen. In formeller Beziehung ergaben sich
besonders vier Merkmale: eine grosse Belesenheit, mit der zu
Zeiten eine ermüdende Schwerfälligkeit verbunden war, eine
staunenswerthe Bibelfestigkeit und ein kaustischer Witz, wie
beides unsre heutigen Publicisten, ja unsre ganze Zeit nicht
aufweisen kann. Töne des reinsten Patriotismus, schreiende
Missklänge confessionellen Hasses und politischer Eifersucht er-

klangen; von 1635 bis 1645 dauerte die publicistische Fehde,
und in ihr wurden Fragen, die schon in früheren Perioden die
öffentliche Meinung beschäftigt hatten, wiederum ,debattirt.
Manche Flugschrift ist verloren gegangen, manche mag der
Kundige in unsrer Arbeit vermissen, das Bild aber, welches
wir an der Hand der hier berücksichtigten Broschüren von dem
litterarischen Kampf jener Zeit entworfen haben, wird durch
eine neu auftauchende wohl kaum verändert oder verwischt
werden, und niemals wird eine solche den „Pirnischen und
Pragischen Friedenspakten" den ersten Preis streitig machen.

Verzeichniss.

1) „Bedenken von dem Krieg und Friedstand" 1634. Seite 3.
2) „Tuba receptus, eine geistliche Friedensposaun" 1634. S. 3.
3) „Oraculum Dodonaeum" 1634. S. 4.
4) „Unvermeidentliche Rettung" D. Hoës 1635. S. 6.
5) „Astrologisches naturgemässes Prognostikon" 1635. S. 8.
6) Das Prager Friedenspublicationspatent Ferdinands II. S. 11.
7) Die Editionen des Prager Friedensinstruments. S. 11 u. 12.
8) „Exctrat aus dem Nebenrecess" 1635. S. 12.
9) Befehl des Kurfürsten einen Dankgottesdienst zu halten. S. 13.
10) „Chursächsische Friedensstimme" 1635. S. 13.
11) Brief des kursächsischen Heerpredigers Caspar Volgnad au
    Joh. Georg 1635. S. 14.
12) „Georgii Pahlen Brevia Joco-Seria" 1636. S. 14.
13) „Vindiciae Pacificationis Pragensis" 1635. S. 16.
14) „Discursus I, ob jetzo im H. Römischen Reich Friede zu machen"
    1635. S. 20.
15) „Discursus Ueber nachfolgende zwei Fragen" 1635. S. 20.
16) „Rechtmessige Beantwortung folgender Frage 1635. S. 21.
17) „Gegründete Ablehnung etlicher wider den Pragischen Friedens-
    schluss movirter dubiorum" 1636. S. 21.
18) „Clypeus adversus tela obtrectatorum" 1637. S. 26.
19) „Antwort auf eines boshaftigen Calumnianten Lästerschrift" 1637.
    S. 27.
20) Verwarnungspatent Joh. Georgs über den Prager Frieden zu
    schmähen 1637. S. 27.
21) „Schreiben Herrn D. Johann Gerharts" 1636. S. 29.
22) Friedenspredigt des Eslinger Geistlichen Tobias Wagner. S. 29.
23) „Theologisches Bedenken von Annehmung des Pragerischen
    Friedenschlusses" 1636. S. 30.
24) „Copey dreier Schreiben" 1636. S. 30.
25) „Der Stettinischen Theologen Bedenken" 1637. S. 32.
26) „Proditor Christi detectus" 1636. S. 33.

134

27) „Samsonica Evangelicorum occaccatio" 1636. S. 33.
28) „Summarische Nachricht" 1636. S. 34.
29) „Ferdinandi II. . . . . Motiva seria" 1635. „Des Allerdurchleuch-
tigsten Ferdinandi des Andern . . . Bewegliche Motiv 1635. S. 36.
„Ernstliche und bewegende Ursachen" 1635. „Bewegliche Motiv
und allgemeine Nutzbarkeiten" 1635. S. 37.
30) Schreiben der Schlesischen Stände an den sächsischen Kurfürsten
1635. S. 38.
31) „Loci Communes" 1635. S. 39.
32) „Pirnische und Pragische Friedenspakten" 1636. S. 41.
33) Eine Edition des Pirnaer Friedens. S. 42.
34) „Abdruck eines . . . von einem Koelnischen Jesuiten . . . . abgegangenen . . . . Schreibens" S. 47.
35) „Epistola Germani illustris" 1636 von Johann von Rusdorf S. 49.
36) „Vortrab der Leichbestattung" 1640. S. 50.
37) „Prodromus Exequiarum" 1639. S. 51.
38) „Nachricht und Information" 1635. S. 60.
39) „Gewechselte Schreiben" 1636. S. 60.
40) „Abdrücke der Königl. Würd zu Schweden" 1636. S. 61.
41) „Copia Churfürstl. Durchl. Schreibens an die Stände der Kron
Schweden" 1636. S. 62.
42) Flugschrift, verfasst von Hugo Grotius 1637. S. 62.
43) „Vindiciae secundum libertatem Germaniae" 1636. S. 62.
44) „Dissertatio de Ratione status in Imperio" 1640. S. 76.
45) „Deploratio pacis Germanicae" 1636. S. 92.
46) „Klage über den . . zu Prag . . aufgerichteten Vertrag" 1635. S. 96.
47) „Examen Comitiorum Ratisbonensium" 1637. S. 98.
48) „Justus Ῥωμαῖο-βασιλικὸς στέφανος" 1640. S. 100.
49) „Hiatus Jacobi Cassani obstructus" 1638. S. 102.
50) „Deutscher freier Soldat" 1636. S. 106.
51) „Der deutsche Brutus" 1636. S. 106.
52) „Deutsche treuherzige Warnung" 1637. S. 108.
53) „Dankbarkeit des Kurfürsten zu Sachsen" 1637. S. 111.
54) „Der Schwedische Störenfriede" 1637. S. 114.
55) „Der deutsche Planet" 1639. S. 115.
56) „Nothwendige Information" 1639. S. 118.
57) „Treuherzige Ermahnung" 1640. S. 119.
58) „Herrn Ernesten von Friedensdorf Antwort" 1638. S. 123.
59) „Laurentii Foereri . . Rationes pro Amnistia faciende" 1640. S. 124.
60) „Zwei nachdenkliche Schreiben" 1640. S. 125.
61) „Copia zweier Schreiben" 1635/36. S. 128.
62) „Schwedischer Seehund" 1637. S. 129.
63) „Johann Warners Visionen" 1638. S. 129.
64) „Speculum veritatis" 1645. S. 131.

Halle, Druck von E. Karras.

Verlag von **MAX NIEMEYER** in **HALLE** a/S.

Hallesche Abhandlungen zur neueren Geschichte. 1878—80.
8. Heft 7—10.

Heft 7. **Käsel**, Dr. A., Der Heilbronner Convent. Ein Beitrag
zur Geschichte des dreissigjährigen Krieges. 1878. *M* 2,80.

Heft 6. **Drencker**, Dr. G., Die Abtretung Vorpommerns an
Schweden und die Entschädigung Kurbrandenburgs. Ein Beitrag z. Geschichte des Westphälischen Friedens. 1879. *M* 2,20.

Heft 9. **Hitzigrath**, Dr. H., Die Publicistik des Prager Friedens (1635). 1880. *M* 1,60.

Heft 10. **Grünhaum**, Dr Max, Ueber die Publicistik des dreissigjährigen Krieges von 1626—1629. 1880. *M* 4,60.

Aus den Papieren des Ministers und Burggrafen von Marien-
burg Theodor von Schön. Thl. I. Mit 2 Lithographien.
1875. 8. geb. *M* 11,50.

Brandes, H., Abhandlungen zur Geschichte des Orients im Alter-
thum. (Der Assyrische Eponymenkanon. — Die Chronologie
der ältesten Hebräischen Königsreihen. — Die Aegypt. Apo-
kmatasenjahre) 1874. gr. 8. *M* 4.

Güldenpenning, Dr. A., und Dr J. Ifland, Der Kaiser Theo-
dosius der Grosse. Ein Beitrag zur römischen Kaiser-
geschichte. 1878. gr. 8. *M* 7,80.

Hartwig, Dr. O., Quellen zur Geschichte der Stadt Florenz.
Bd. I. 1878. I. *M* 7,20.

(Bd. II. befindet sich unter der Presse und erscheint bestimmt
im Sommer d. J.)

Jacobi, Dr. R., Die Quellen der Longobardengeschichte des
Paulus Diaconus. Ein Beitrag zur Geschichte deutscher
Historiographie. 1877. gr. 8. *M* 2,50.

Schwertzell, G., Helius Eobanus Hessus. Ein Lebensbild aus
der Reformationszeit. 1874. 8. *M* 1,50.

Wenck, Dr. Carl, Die Entstehung der Reinhardsbrunner Ge-
schichtsbücher. Im Anhang: Eine Reinhardsbrunner Chronik
des XIII. Jahrhunderts und Sehedel's Excerpta der Mün-
chener Handschrift. 1878. gr. 8. *M* 8,60.